W0191499

dtv

Hamed Abdel-Samad

Schlacht der Identitäten

20 Thesen zum Rassismus –
und wie wir ihm die Macht
nehmen

dtv

Ausführliche Informationen über
unsere Autorinnen und Autoren und ihre Bücher
finden Sie unter www.dtv.de

Dieses Buch ist auch als eBook erhältlich.

Von Hamed Abdel-Samad ist bei dtv erschienen:
Aus Liebe zu Deutschland

»Rassismus bedeutet die Überzeugung, dass ein Beweggrund wie Rasse, Hautfarbe, Sprache, Religion, Staatsangehörigkeit oder nationale oder ethnische Herkunft die Missachtung einer Person oder Personengruppe oder das Gefühl der Überlegenheit gegenüber einer Person oder Personengruppe rechtfertigt.«

Begriffsdefinition der Europäischen Kommission gegen Rassismus und Intoleranz

TEIL II
Wege aus der Rassismusfalle

Einführung

Der Kampf gegen Rassismus sollte eine Gesellschaft eigentlich einen, nicht spalten. Denn diese menschliche Krankheit ist nicht nur für die Opfer von Rassismus, sondern auch für die Rassisten selbst und vor allem für die Gesamtgesellschaft extrem schädlich. Die Opfer verlieren durch rassistische und diskriminierende Erfahrungen oft das Vertrauen in das Gemeinwesen, in ihre Mitmenschen und – was noch schlimmer wiegen dürfte – sie verlieren das Vertrauen in sich selbst. Wenn Menschen in der Schule, im Alltag oder im Berufsleben nicht nach ihren Talenten und Fähigkeiten beurteilt werden, sondern nach ihrer Hautfarbe, ihrem kulturellen Hintergrund, ihrer Sexualität oder ihrer Religion, dann verlieren am Ende wir alle. Die Rassisten selbst berauben sich in ihrem Furor der Möglichkeit, am Wissen der anderen teilzuhaben und sich für deren Erfahrungsschatz zu öffnen. So schneiden sie sich ein Stück weit selbst von der Vielfalt dieser Welt ab und bleiben sowohl menschlich als auch geistig arm. Und eine Gesellschaft schließlich, die das Rassismusproblem nicht in den Griff bekommt, droht wie ein Körper zu werden, dessen Organe nicht mehr harmonisch zusammenarbeiten, sondern einander gegenseitig blockieren. So schwächt der Körper sich selbst und läuft Gefahr, sich mit der Zeit Stück für Stück von innen heraus zu zersetzen.

Rassismus war in Deutschland lange kein breit diskutiertes Thema, obwohl es ihn natürlich auch bei uns in verschiedenen Ausprägungen gab und gibt. Erst die Vorfälle in den USA im Jahr 2020 – die tödlichen Schüsse auf Breonna Taylor und Daniel Prude im März, auf Rayshard Brooks im Mai und Jacob Blake im August und vor allem der Erstickungstod von George Floyd durch Polizeigewalt, der die »Black Lives Matter«-Bewegung groß gemacht hat – brachte Rassismus auch bei uns auf die mediale und politische Agenda. Seither wird intensiv über Polizeigewalt und institutionellen Rassismus diskutiert. Menschen mit schwarzer Hautfarbe werden in TV-Sendungen eingeladen und von Zeitungen interviewt, um von ihren Rassismuserfahrungen zu berichten.

Doch die Art und Weise, wie wir in Deutschland über das Thema Rassismus diskutieren, legt – wie schon bei den Themen Migration und Integration – offen, dass in unserem Land etwa schiefläuft. Und zwar nicht nur in Bezug auf unsere Streitkultur. Die längst fällige Debatte wird ideologisch aufgeladen und emotional geführt, von den unterschiedlichen Lagern gekapert, instrumentalisiert oder relativiert. Hier Moralismus und Betroffenheitsrhetorik, dort Abwehr und Leugnen. Man bleibt nicht auf der Sachebene, nicht bei der wissenschaftlichen Definition von Rassismus, sondern verengt den Begriff auf eine Weise, wonach Rassismus offenbar nur ein Privileg des »weißen Mannes« zu sein scheint. Nach dieser ideologischen Ausrichtung des Begriffs gilt bereits die harmlose Frage nach der Herkunft eines Menschen als rassistisch und damit als indiskutabel.

Mit einer Debatte, in der nur vorgeworfen und verteidigt wird, schützt man weder die Opfer von Rassismus noch erreicht man die Rassisten selbst. Eine solche Debatte wird letztlich nur zu einem Selbstbedienungsladen der Ideologen von links wie rechts.

Was als gut gemeinter Weg gedacht war, um die Bevölkerung für die Befindlichkeit der Opfer von Rassismus zu sensibilisieren und den Opfern ein Forum zu bieten, endete leider in vielen Fällen genau damit. Der Leser oder Fernsehzuschauer verspürte wahlweise Schuld oder Mitleid, oder wies die Tatsache, dass wir ein Rassismusproblem haben, vehement zurück. Doch weder Schuld noch Mitleid noch Leugnen helfen irgendjemandem. Schuldgefühle und Betroffenheit täuschen manchmal sogar vor, man habe dadurch bereits seinen Beitrag geleistet. Solidaritätsbekundungen, Sonntagsreden und Lichterketten reichen jedoch längst nicht mehr aus. Wir brauchen eine Debatte, die in die Tiefe geht. Doch diese wird – der vergleichsweise großen Präsenz des Themas in Politik und Medien zum Trotz – noch immer nicht geführt. Das hat auch damit zu tun, dass Antirassismus ideologisch oft mit Anti-Amerikanismus und Anti-Kapitalismus verflochten ist; und nicht selten wird der Rassismusvorwurf benutzt, um alte Rechnungen zu begleichen. Die Leidtragenden sind auch hier die Opfer von Rassismus, die ein zweites Mal zum Opfer gemacht werden: Weil ihnen keine Instrumente an die Hand gegeben werden, die sie selbst ermächtigen würden. Oder, wie eine afroamerikanische Freundin aus den USA einmal zu mir sagte: »Mir ist ein Trump-Anhänger, der mich ›Nigger‹ nennt, lieber, als ein Demokrat, der mich paternalistisch wie ein kleines Kind behandelt, das immer einen weißen Anwalt braucht, der seine Rechte sichert und verteidigt.«

Berichte von Betroffenen sind wichtig, weil sie uns zeigen, was Rassismus bei den Opfern und in der Gesellschaft insgesamt anrichtet. Doch noch wertvoller könnten diese Berichte sein, wenn statt des Reflexes von Anklage und Abwehr bzw. Relativierung eine Reflexion in Gang käme. Anklagen und moralische Appelle allein führen nicht zu einem Umdenken bei den Tätern und schaffen auch keinen Frieden für die Opfer. Zielführend sind Anklagen ebenfalls nicht, wenn einzelne Opfer oder Aktivisten als Vertreter aller Schwarzen, aller Muslime, aller Migranten oder aller Flüchtlinge auftreten, und ihre subjektiven Erfahrungen für allgemeingültig erklären, um »die Gesellschaft«, »den weißen Mann« pauschal zu verurteilen. Rassismus ist ein Menschheitsproblem, das nur gemeinsam gelöst werden kann. Doch wenn Antirassisten meinen, nur People of Color (PoC) dürften über Rassismus reden, weil nur sie davon betroffen seien, kommt man nicht weiter.

Viele, die sich als Kämpfer gegen Rassismus inszenieren, bedienen sich letztlich der gleichen Mittel wie die Rassisten selbst: Sie unterteilen die Welt in Schwarz und Weiß, in Gut und Böse, sie betrachten Menschen nicht als Individuen, sondern als Vertreter von Ethnien und Gruppen. Sie polarisieren, kategorisieren und ordnen ein. Sie vereinfachen, indem sie die Gesellschaft spalten: Wer nicht für uns ist, muss gegen uns sein. Wenn Debatten aber nur eindimensional geführt werden, wenn es nur darum geht, die eigene Ideologie bestätigt zu sehen oder sie anderen überzustülpen, gelangen wir nicht zum Kern des Problems. Wir werden der Komplexität des Themas nicht gerecht und bedienen die gefährliche Sehnsucht nach einfachen Antworten. Und irgendwann wird der Druck, sich zu einer Seite bekennen zu müssen, so groß, dass gar kein Diskurs mehr möglich ist.

Die verkrampfte Debatte über Rassismus ist auch ein

Symptom für die konkurrierenden Identitäten und Utopien in dieser Gesellschaft. Sowohl bei Einheimischen als auch bei Zugewanderten ist die Sehnsucht nach einer geschlossenen, homogenen und von fremden Einflüssen weitgehend freien Identität inzwischen deutlich stärker ausgeprägt als noch vor ein paar Jahren. Der schnelle Wandel durch Globalisierung und Digitalisierung führt bei vielen Menschen zu einem Gefühl der Entfremdung und Entwurzelung. Bei manchen führt das zu einer Flucht in identitäre Utopien, die es in der Vergangenheit nie gab und die es auch in der Zukunft nicht geben wird. Diese fatale Form der Identitätshygiene füttert die Ängste vor anderen Identitäten, die die eigene vermeintlich schwächen oder unterwandern wollen. Demgegenüber steht die Utopie einer offenen, bunten Gesellschaft, die jedoch nicht verordnet werden kann, sondern sich behutsam entwickeln muss. Und die voraussetzt, dass wir den anderen als Individuum wahrnehmen, statt ihn auf bestimmte Attribute zu reduzieren.

Genau das aber lässt sich bei der Rassismusdebatte beobachten: Sie gerät sofort in diesen fatalen Identitätskampf und wird von der Öffnungspolitik der Linken und der Angst vor Unterwanderung oder gar »Umvolkung« der Rechten in die Zange genommen. Dabei ist Rassismus ein viel zu wichtiges Thema, um es den ideologischen Grabenkämpfen zwischen rechts und links zu überlassen. Denn das führt letztlich auch dazu, dass diejenigen schweigen werden, die sich nicht auf die eine oder die andere Seite schlagen wollen. Und darin liegt eine große Gefahr für den Zusammenhalt in unserer Gesellschaft und den Fortbestand unserer Demokratie.

Rassismus betrifft uns alle, er ist wie eine chronische

Krankheit, die sich in der DNA der Menschheit seit Jahrtausenden festgesetzt hat. Die Entstehung und den Verlauf
einer Krankheit zu verstehen, kann uns zwar nicht immer
helfen, diese auch zu heilen, aber es kann uns Hinweise lie-
fern, wie wir mit ihr leben können, ohne dass sie unser Leben
dominiert oder den gesellschaftlichen Frieden bedroht. In
diesem Buch will ich daher eine Art Weltreise meiner Rassismuserfahrungen nachskizzieren, ohne daraus einen Be-
troffenheitsbericht zu machen. Ich will weder klagen noch
anklagen noch emotionale Apelle in die Welt senden, mit
denen sich Rassisten ohnehin nie wirklich erreichen lassen.
Ich will stattdessen versuchen, das Phänomen in seiner Viel-
schichtigkeit zu dekonstruieren, um es zu verstehen. Das
Buch richtet sich an Opfer von Rassismus, aber auch an jene
Menschen, die sich für Antirassisten halten, ohne selbst frei
von Rassismen zu sein. Es ist insofern auch eine Einladung
zur Reflexion und zur Überprüfung des eigenen Handelns
und Denkens.

TEIL I

Rassismus im Spiegel von Geschichte und Gegenwart

Rassismus ist eine anthropologische Konstante

Der Mensch begann seine Karriere auf diesem Planeten in einer sehr feindseligen Umgebung, in der die Sicherung der Nahrung – und damit sein Überleben – immer mit einem Kampf verbunden war. Einem Kampf nicht nur gegen Naturgewalten und wilde Tiere, sondern auch gegen andere Angehörige der menschlichen Spezies, die ihm die knappen Ressourcen streitig machen wollten.

Dieser existenzielle Kampf hatte einen wichtigen Motor: Angst. Und diese Angst veranlasste den Menschen, sich in Gruppen zu organisieren. Ein enger Zusammenhalt innerhalb der eigenen Sippe, verbunden mit einer Arbeitsteilung etwa bei der Jagd, versprach deutlich bessere Überlebenschancen für alle, die dieser Gruppe angehörten.

Die archaische Sippenbildung der frühen Menschheitsgeschichte folgte schon damals dem Prinzip der Abgrenzung: Wir gegen die Anderen. Der Andere trat nicht als Freund und Helfer in Erscheinung, sondern als Bedrohung, als Konkurrent um Nahrung, Land und andere Ressourcen. Je größer diese Bedrohung, je härter der Kampf, umso größer wurde die Angst, umso wichtiger die Schutzfunktion der eigenen Gruppe.

So gesehen könnte man auch sagen, dass die Wurzel für die Entstehung von Rassismus nicht Ausdruck der Überlegenheit einer Gruppe oder einer Ethnie war, sondern existentielle Angst und Unsicherheit.

Die eigene Gruppe nahm jedoch nicht nur Ängste, sie wurde auch zum Quell anderer Ängste. Denn die Gruppe bestimmte, wer man war, sie legte Merkmale für die Zugehörigkeit fest und definierte sich oft durch Feindschaft zu einer anderen Gruppe. Die Konturen der eigenen Identität wurden erst durch die Abgrenzung zu anderen geschärft.

Die Begegnung mit anderen Kulturen verlief fast immer asymmetrisch. Mal war man der Eroberer, mal der Eroberte. Der Mächtige bestimmte die Spielregeln und ging selten fair mit den Unterlegenen um. Er kolonialisierte, tötete, versklavte und beutete die Ressourcen der eroberten Landstriche aus. Dieses Gebaren war kein Privileg des weißen Mannes, alle Hochkulturen in allen Weltgegenden verfuhren nach diesem Muster.

Die Schwachen hatten Angst vor den Stärkeren, aber auch die Starken waren nicht frei von Angst. Sie fürchteten die Rache der Unterjochten. Ein Teufelskreis aus Angst, Hass und Aggression, der eine lange Geschichte von Unterdrückung und gegenseitigem Misstrauen in Gang gesetzt hat, die bis heute die Beziehung der unterschiedlichen Kulturen, Ethnien und Religionen zueinander prägt. Viele alte Verletzungen, Vorurteile und sogar Hass gegenüber bestimmten Gruppen haben die zivilisatorische Weiterentwicklung des Menschen überdauert und sind heute in jedem gesellschaftlichen System der Welt zu Hause. Das habe ich in Ägypten, in den Golfstaaten, in Japan, in den USA und auch in Deutschland erlebt. Diese Elemente aus einem System zu entfernen ist beinahe unmöglich, denn sie sitzen oft ebenso tief wie unsere unbewussten Ängste.

Unsere Angst vor dem Fremden, dem anderen, reicht zurück bis zu den Anfängen. Unser Gehirn verfügt immer noch über ein altes, fremdenfeindliches Angstsystem, das eigentlich durch das intelligente Vernunftsystem kontrolliert wird, bei einer als groß empfundenen Bedrohung aber sofort aktiviert wird. Das Angstsystem, erklärte der Psychiater Borwin Bandelow in einem Interview mit der *Süddeutschen Zeitung*, »ist sehr einfach gestrickt. In etwa wie das eines Huhns.« Es hat dem Menschen einerseits beim Überleben geholfen, kann ihn aber andererseits auch dazu verleiten, selbst irrationalen Ängsten nachzugeben. Es kann allzu leicht getriggert werden, auch wenn der Verstand weiß, dass keine wirkliche Bedrohung gegeben ist.

In den vergangenen Jahrtausenden machte der Mensch kulturelle und zivilisatorische Quantensprünge. Er schuf beeindruckende Bauwerke und Kunst, brachte große Denker und Forscher hervor, er machte sich die Natur untertan, brachte Stahlkolosse zum Schwimmen und erreichte den Mond. Doch seine Triebe und Ängste blieben archaisch. Und das primitive Verständnis von Identität als Schutzschild gegen »die Anderen« blieb bestehen und mit ihm das Misstrauen gegenüber dem Fremden.

Wut, Hass und Aggression konnten zwar durch Gesetze, Spiritualität, Ethik, Musik, Kunst und Empathie gezügelt werden, doch wirklich davon befreien konnte sich der Mensch bis heute nicht. Das Streben nach Homogenität und die Abgrenzung zu anderen waren von Anfang an Bestandteil jeder Gesellschaft, auch, weil sie damals ihren Fortbestand sicherten.

Rassismus ist (k)ein Privileg der Weißen

Die amerikanische Soziologin und Anti-Diskriminierungs-aktivistin Robin DiAngelo geht davon aus, dass jeder weiße Mensch – bewusst oder unbewusst – ein Rassist ist. In einem Interview mit *Spiegel-Online* am 20. Juni 2020 begründete sie ihre These so: »Jeder Weiße ist Rassist durch die Sozialisation in einer rassistischen Kultur.« Daran könnten die Weißen auch nichts ändern, selbst wenn sie es wollten. Und selbst wenn sie glaubten, es ändern zu wollen, wollten sie es im Grunde doch nicht. Denn in Europa und den USA lebten sie in Gesellschaften, zu deren Grundlage es gehöre, dass Weiße privilegiert seien.

In diesem Interview, aber auch in ihrem Buch »White Fragility« rückt sie das Weiß-Sein in die Nähe einer Art Erb-sünde, vor der es kaum ein Entrinnen gibt. Es sei denn, Weiße würden lernen, anders über Rassismus zu denken. Nicht mehr nur als individuelle, aktive und bewusste Hand-lung einer einzelnen Person, sondern als internalisierte Haltung, die in jedem weißen Menschen stecke.

Auch wenn DiAngelo mit ihrer Forderung nach einem neuen Nachdenken über Rassismus zweifelsohne recht hat, bedient sie sich doch einer Definition von Rassismus, die von der Forschung nicht ohne Grund angezweifelt wird: Ich meine einen biologistisch determinierten Rassismus-begriff, der davon ausgeht, dass Weiße diskriminieren und farbige Menschen diskriminiert werden.

Diese Definition reicht zurück bis ins 17. Jahrhundert, als man begann, Menschen in »Rassen« einzuteilen. Später entwickelte sich daraus in Europa eine pseudowissenschaftliche Rassenlehre, mit verheerenden Konsequenzen vor allem durch die Kolonialisierung und später den Holocaust.

Folgt man dieser biologistischen Theorie, so wird aus Rassismus ein Phänomen, das vornehmlich auf Europa und die USA beschränkt ist und das vornehmlich People of Color zu Opfern macht, Weiße zu Tätern. Andere Formen der Ausgrenzung – kulturelle, religiöse oder sexuelle Diskriminierung etwa – lassen sich zudem so nicht erfassen.

Hinzu kommt, dass hinter den Thesen von DiAngelo ein fatales Denkmuster steckt, das man oft in linksliberalen Milieus antrifft. Der Glaube, Misstrauen und Vorurteile gegenüber Minderheiten abbauen zu können, indem man sich selbst und der eigenen Kultur mit Misstrauen und Vorurteilen begegnet. Über sich selbst und die Gesellschaft nachzudenken, ist nie verkehrt. Doch oft genug folgt darauf Selbstgeißelung und ein Verharren in einem Schuldkomplex. Wie aber kann man andere lieben, wenn man sich selbst hasst? Wie kann man die Arme für andere öffnen, wenn man selbst schuldbeladen und gebeugt durchs Leben geht?

Es gibt im Westen ein Ethos der Schuld und eine Identitätspolitik, die Toleranz gegenüber den »Fremden« verlangt, aber mit sich selbst hart ins Gericht geht. Der »privilegierte weiße Mann« muss sich ständig rechtfertigen und zurücknehmen. Tut er das nicht, steht er schnell auf der falschen Seite. Und dort wird er möglicherweise mit offenen Armen von den White Supremacists aufgenommen, mit denen er früher nichts am Hut hatte, die aber nun seinen Kampf um die Zurückeroberung der Heimat führen.

DiAngelo sieht den Motor des Denkens und Handelns in der Herkunft und Hautfarbe. Ist nicht genau das eine Form von Rassismus? Und wem hilft es, wenn Rassismus nun in die andere Richtung ausschlägt, indem Weiße unter Generalverdacht gestellt werden? Das Problem lässt sich nicht dadurch lösen, dass ein weiteres Mal ab- und damit ausgegrenzt wird.

Rassismus lässt sich nicht bekämpfen, indem man alte Hierarchien und Asymmetrien aufrechterhält oder neue schafft. Und schon gar nicht kann man eine Kultur der Toleranz fördern, wenn die eine Seite anklagt und die andere sich nicht einmal verteidigen darf. Das kann letztlich Rassismus nur weiter befeuern. Wer etwas von jemandem will, muss auch wissen, was dieser Mensch will. Wer Angst vor jemandem hat, muss auch die Ängste dieses Menschen verstehen. Erst dann haben wir eine Basis für ein faires Verhandeln und können auf Ergebnisse hoffen, die von allen getragen werden können. Aber diese beinahe religiöse Überhöhung des weißen Mannes als Verkörperung des Bösen erlöst nicht die Minderheiten, sondern öffnet die Tore zur Hölle für alle!

Diskriminierung mit Diskriminierung und Vorurteile mit Vorurteilen zu bekämpfen, funktioniert nicht. Und wenn wir nur dann friedlich zusammenleben könnten, wenn die eine Seite schuldgebeugt durchs Leben geht und die andere auf ihrem Opferstatus beharrt, dann hätten wir aus der Geschichte nichts gelernt und für die Zukunft nichts getan.

Gerade der Blick in die Geschichte zeigt nämlich, dass Rassisten und Opfer von Rassismus keineswegs nur in bestimmten Ethnien anzutreffen sind. Der weiße Mann hat den Rassismus nicht erfunden. Rassismus ist auch keine Einbahnstraße, in der nur Weiße andersfarbige Menschen diskriminieren würden.

Bei aller berechtigten Kritik am Verhalten »der Weißen«: Hat der weiße Mann nicht die Aufklärung zustande gebracht, und die Konzepte von Toleranz und Gleichberechtigung auch politisch umgesetzt? War nicht auch Abraham Lincoln ein alter weißer Mann, der eine Armee aus Weißen führte, um gegen andere Weiße zu kämpfen, um die schwarzen Sklaven in den Südstaaten zu befreien? War der weiße Mann nicht auch daran beteiligt, die allgemeine Erklärung der Menschenrechte zu formulieren und hat er nicht auch Gesetze verabschiedet, die die Diskriminierung von Menschen aufgrund ihrer ethnischen oder religiösen Zugehörigkeit unterbinden? Sind es nicht auch weiße Männer und Frauen, die bei den »Black Lives Matter«-Demonstrationen mitmarschieren? Und ist er nicht selbst mit sich hart ins Gericht gegangen, wegen der Sünden der Vergangenheit?

Selbstverständlich gab es die weißen Sklavenhändler und Sklavenhalter, die Millionen von schwarzen Menschen viel Leid zugefügt haben. Und ja, es gab auch die weißen Kolonialherren, die die Bevölkerung auf dem afrikanischen Kontinent, die Ureinwohner Amerikas, Australiens und Lateinamerikas, die Araber und Inder als unterlegene Rassen betrachtet haben, um deren Unterdrückung, Ausbeutung oder Versklavung zu rechtfertigen. Und ja, es gibt heute auch die White Supremacists, den Ku-Klux-Clan, die Aryan Brotherhood, die Reichsbürger, die Identitären, Neonazis und Anhänger der Neuen Rechten, die von der Überlegenheit der weißen Rasse überzeugt sind, und Gewalt gegen Menschen mit anderer Hautfarbe ausüben.

Ich möchte mit dem Folgenden keineswegs relativieren – Schuld lässt sich nicht gegeneinander aufrechnen, Verantwortung nicht delegieren. Ich möchte aber Ihren Blick noch einmal auf die These lenken, dass Rassismus ein Menschheitsproblem ist, und nicht die Erbsünde der Weißen: Europäer und Amerikaner haben nicht anders gehandelt als andere Großmächte, die vor ihnen die Welt beherrscht haben. So haben die Araber halb Europa, halb Asien und weite Teile des afrikanischen Kontinents kolonialisiert. Zur Zeit des Osmanischen Reichs wurden Millionen Menschen in Vorderasien, in Nordafrika, auf dem Balkan, in Ost- und Südeuropa unterjocht. Noch heute träumen viele Araber und Türken von der Wiederherstellung des Kalifats und der Re-Islamisierung Europas. Viele von ihnen heben heute rasch den moralischen Zeigefinger und verurteilen den weißen Mann wegen seiner Kolonialgeschichte und wegen der Sklaverei – dabei wurde der Sklavenhandel in der arabischen Welt zum Teil erst in der zweiten Hälfte des 20. Jahrhunderts beendet. Und zwar auf Druck der Europäer. Saudi-Arabien schaffte die Sklaverei übrigens erst 1963 offiziell ab. Doch bis heute leben Millionen von Migranten aus Asien und Afrika als Arbeitssklaven ohne bürgerliche Rechte in den reichen Golfstaaten, während sie im Westen nach wenigen Jahren ihrer Einreise Staatsbürger werden.

Bis heute leugnet die Türkei den Völkermord an den Armeniern in den Jahren 1914 bis 1917. Und nach wie vor vergeblich warten die Menschen in China auf eine Aufarbeitung von Maos Kulturrevolution, die Leid und Tod über Millionen Menschen gebracht hat. Heute richtet sich die Gewalt gegen Uiguren und Turkvölker, deren Angehörige in Umerziehungslagern interniert werden. Als Ende 2019 geheime Papiere der chinesischen Regierung zu diesen Lagern bekannt wurden, sprach der China-Experte Adrian Zenz *n-tv* gegenüber von einem »kulturellen Genozid«: »Die systematische Internierung einer ganzen ethno-religiösen Minderheit ist, vom Ausmaß her, vermutlich die größte seit dem Holocaust.« Auch diese Menschen zählen. Und doch schaut die Welt weitgehend schweigend zu, selbst die islamische, die sich sonst immer sehr solidarisch zeigt, wenn sie ihre Werte bedroht sieht.

Exkurs: Wie Macht, Kolonialismus und Wissenstransfer zusammenhängen

Wir haben es in der gesamten Weltgeschichte mit einem Kreislauf von Macht, Unterdrückung und Befreiung zu tun. Die Mächtigen hatten dabei stets ihre Zeitalter. Während man in Europa buchstäblich noch keulenschwingend auf den Bäumen saß, erlebten die Hochkulturen der alten Ägypter, der Iraker, der Perser, der Libanesen, der Nubier, Äthiopier oder Somalis ihre Blütezeit. Auf Stein und Papyrus wurden Bilder jener Völker verewigt, die sie militärisch besiegt und gedemütigt haben. Auf alten Papyrusrollen wurde aber auch Wissen festgehalten, das für nachfolgende Kulturen wie das Byzantinische Reich von unschätzbarem Wert waren. Das antike Griechenland war in den Gebieten der Philosophie, der Geschichtsschreibung und der Naturwissenschaften richtungsweisend. Die Sammlung griechischer Traktate, die als »Corpus Hermeticum« bekannt ist, befasst sich mit der Entstehung der Welt und mit der Gestaltung des Kosmos. Auch philosophische, astrologische, medizinische und mathematische Texte sind darin enthalten. Einige von ihnen beruhen auf Übersetzungen altägyptischer Texte, festgehalten auch auf Inschriften an Bauwerken. In der Spätantike ging man davon aus, dass der Verfasser der Schriften – Hermes Trismegistos – tatsächlich gelebt hat; inzwischen weiß man, dass es sich dabei um eine synkretische Verschmelzung des griechischen Gottes Hermes mit dem ägyptischen Gott Thot handelt, und viele Schriften aus den Tempeln Ägyptens stammen.

Ich erzähle das deshalb so ausführlich, weil man daran erkennt, dass Geschichte nicht episodisch verläuft, sondern einzelne Phasen immer miteinander verwoben sind, aufeinander aufbauen. Die altägyptische Sprache, lange die Lingua Franca des Wissens, wurde vom Griechischen abgelöst, von nun an bestimmte die griechische Kultur das Geschehen in Nordafrika und in der Levante, bis das Römische Reich seinen Siegeszug antrat, und schließlich die islamische Expansion die Zeit der Antike beendete.

Die aufstrebenden Araber eroberten die alten Städte des Wissens in Ägypten, Persien, dem Irak, der Levante, Andalusien und in Teilen des byzantinischen Reichs. Nicht nur die militärische Stärke, sondern gerade auch die Neugier der Araber auf das Wissen der Anderen machte ihren Aufstieg perfekt. Die Werke der griechischen Philosophie, allen voran das »Corpus Hermeticum«, wurden ins Arabische übersetzt, eine regelrechte Wissensrevolution kam in Gang. Mit einem Mal waren die Araber in allen Bereichen überlegen: Mathematik, Medizin, Chemie, Musik und Philosophie. Selbst die mystische Sufi-Bewegung war ein Ergebnis dieses Wissenstransfers von den Griechen über die Gnosis zu den Arabern. Die Araber eroberten die halbe Welt, sie versklavten viele Völker, aber sie bereicherten die eroberten Gebiete auch mit Wissen, Kunst und architektonischen Meisterleistungen. Es entstand eine blühende Zivilisation, deren Kultur der europäischen zu jener Zeit weit überlegen war. Doch die Araber machten einen Fehler, den später auch der weiße Mann machen sollte. Sie glaubten, ihr Wissen und ihre Macht seien allein das Ergebnis der eigenen Kultur. Sie vergaßen, dass sie nur eine weitere Stufe in der Pyramide der Zivilisation aufgebaut hatten. Irgendwann erlosch der Wissensdurst, und die Religion begann, einen höheren Stellenwert als das weltliche Wissen einzunehmen. Sie übersetzten nicht länger die Werke anderer Kulturen, suchten nicht länger den Austausch, sondern schotteten sich selbst von der Welt ab. Während in Europa die Renaissance begann, erlebte die arabische Welt in den folgenden Jahrhunderten die dunkelste Zeit in ihrer Geschichte.

Es ist kein Zufall, dass die Reise, die zur Entdeckung Amerikas führte, von der iberischen Halbinsel aus startete – im gleichen Jahr, in dem die Araber aus Andalusien vertrieben wurden. Die Araber hatten neben ihrem immensen Wissensschatz auch akkurate Welt- und Seekarten hinterlassen, die nicht nur für diese Fahrt von entscheidender Bedeutung waren. Stück für Stück übernahm der weiße Mann die Fackel und eroberte die Welt mit Wissen und Macht wie unzählige Hochkulturen vor ihm. Wie sie kolonialisierte er Länder und versklavte Völker, und wie sie brachte er aber nicht nur Elend.

Ägypten beispielsweise, wo diese wunderbare Reise des universellen Wissens vor Jahrtausenden begann, war zu Beginn des europäischen Zeitalters vom Rest der Welt isoliert. Unwissenheit, Armut und Aberglaube bestimmten das Leben der Menschen. Vom alten Wissen der Pharaonen wussten sie ebenso wenig, wie von der Aufklärung in Europa. Die Pyramiden und die meisten pharaonischen Tempel lagen seit Langem unter Sand, andere wurden abgetragen, und für den Bau von Häusern und Gräbern hoher Beamter verwendet. Erst als Napoleon Ägypten im Jahr 1798 eroberte, kamen in seinem Gefolge Geologen, Archäologen, Historiker und Sprachwissenschaftler ins Land. Am 15. Juli 1799 wurde der Stein von Rosetta entdeckt, der die Entzifferung der altägyptischen Hieroglyphen ermöglichte.

Die Expedition des französischen Kolonialherrn war also auch eine Brücke zwischen den Ägyptern und ihrem alten vergessenen Wissen und ihrer im Sand versunkenen Geschichte. Ähnlich wie zuvor die Araber als Brücke zwischen den alten Griechen und dem modernen Europa gedient hatten.

Mit Napoleon kam auch das moderne Bildungs- und Rechtssystem nach Nordafrika. Mit ihm kam der Buchdruck, der aus religiösen Gründen 300 Jahre lang in der islamischen Welt verboten war. Mit ihm kamen auch die Gedanken der Aufklärung, neue Erkenntnisse aus den Naturwissenschaften und der Medizin sowie moderne Bewässerungssysteme und ein effektiveres Ackerbausystem.

Die in Sachen Kolonisation lange »verspätete Nation« der Deutschen brachte die Eisenbahn, das Verwaltungs- und Bildungssystem in die neuen »Schutzgebiete«, hat aber auch den ersten Völkermord des 20. Jahrhunderts zu verantworten, als es in Deutsch-Südwestafrika den Aufstand der Herero und Nama brutal niederschlug.

Ja, der weiße Mann hat viel Leid über viele Völker gebracht, sehr viel Leid. Und er hat lange nicht begriffen, dass

er sein Wissen und seine Macht nicht nur aus sich selbst ge-
neriert hat, sondern auf den Schultern früherer Hochkulturen steht. Heute steht der Westen für eine tolerante, bunte
und weltoffene Gesellschaft, während sich viele Teile der
Welt mehr und mehr abschotten, ethnische und religiöse
Homogenität anstreben.

Aber auch er hat Angst. Die Welt verändert sich rasant,
und mit ihr die Bevölkerungsstruktur. Stellten die Europäer
Anfang des 20. Jahrhunderts noch 25 Prozent der Weltbevöl-
kerung, sind es heute weniger als 9 Prozent, bereits Ende
dieses Jahrhunderts könnten sie unter 5 Prozent rutschen.
Auch in den westlichen Ländern selbst verändert sich die
Demographie durch Migration schnell. Viele alte weiße
Männer fühlen sich nicht mehr mächtig oder privilegiert,
sondern entfremdet und hintergangen. Entfremdung, Unsicherheit und Zukunftsängste führen zu einer Radikalisierung mancher Weißer. Sie wünschen sich eine Welt zurück,
in der sie das Sagen haben oder in der sie zumindest unter
sich bleiben können. Auch das ist ein Phänomen, das wir
aus allen ehemaligen Hochkulturen kennen, deren Anhänger sich heute gekränkt fühlen, weil sie die Macht in dieser
Welt verloren haben. Der islamistische Fundamentalismus
und der türkische Nationalismus sind eine Folge dieses
Machtverlusts; sie entspringen auch dem Gefühl, etwas Besseres verdient zu haben und von der Welt ungerecht oder
nicht angemessen behandelt zu werden. Auch White Supremacy und radikale rechte Ideologien sind hier einzuordnen.
Sie alle eint der Wunsch, sich hinter einer Welt von gestern
verstecken zu wollen, weil sie mit der Gegenwart über-
fordert sind und Angst vor der Zukunft haben. Damit ver-
passen sie jedoch die Chancen, die ihnen die Welt von heute

bietet. Sie versuchen, die Uhr der Geschichte zurückzu-
drehen und werden scheitern, weil sich der Prozess der Evolution des Wissens und damit auch des menschlichen Bewusstseins nicht aufhalten lässt.

Es gibt zwei Lehren aus dieser Wissensreise: Erfolg hat
nicht nur etwas mit Macht und Unterdrückung zu tun,
sondern auch damit, dass man von »den Anderen« etwas
lernt und das Gemeinsame sucht, statt das Trennende zu
betonen. Man gewinnt, wenn man aus der Geschichte
etwas lernt, und man verliert, wenn man sich abschottet
und Ressentiments als wichtigstes Merkmal seiner Identität betrachtet.

Wir sollten deshalb aufhören, die Rassismusdebatte auf
die Schiene der Schuld zu stellen, denn dadurch bleibt die
Kommunikation asymmetrisch. Schuldgefühle rufen Wider-
stand und Trotzreaktionen hervor, denn die Kehrseite der
Schuld ist Aggression. Und alles was auf Schuld gebaut wird,
währt nicht lange, denn wer viel Schuld auf den Schultern
trägt, kann nicht aufrecht stehen und seinem Gegenüber auf
Augenhöhe begegnen. Wir sollten uns gegenseitig zuhören,
statt uns gegenseitig anzuklagen. Denn unsere eigenen
Ängste und die schweren Koffer, die wir mit uns herum-
schleppen, wiegen nicht schwerer als die Ängste und Koffer
der anderen. Wir alle haben unsere Schwächen und Unzulänglichkeiten – sich gegenseitig darauf zu reduzieren,
macht eine Versöhnung unnötig schwer. Versöhnung beginnt immer damit, auch die Ängste der anderen verstehen
zu wollen. Dafür brauchen wir Selbstkritik, aber keine
Selbstgeißelung. Und auf beiden Seiten den unbedingten
Willen und die tiefe Überzeugung, dass Rassismus nur gemeinsam zu bekämpfen ist.

Der heutige Rassismus ist das letzte Aufbäumen einer primitiven Identität

Dass Angst ein schlechter Ratgeber ist, ist eine Binsenweisheit. Gleichwohl ist Angst eine wichtige Triebfeder und ein Schutzmechanismus, der sichergestellt hat, dass der Mensch überhaupt überleben konnte. Die archaische Angst kennt heute ganz verschiedene Ausprägungen. Menschen haben Angst vor Haltlosigkeit und suchen Zuflucht in Religionen und Spiritualität. Sie haben Angst vor Verlust und halten selbst Beziehungen aufrecht, die ihnen nicht guttun. Andere versuchen, die Angst zu kanalisieren, und in positive Energie umzuwandeln. Indem sie sich für die Umwelt, den Kampf gegen den Hunger auf der Welt oder gegen Rassismus und Nationalismus engagieren. Und wieder andere verstecken ihre Angst hinter Wut, Nationalismus, Fanatismus und Rassismus.

Aber auch hier tritt die Angst vor dem Fremden nicht immer deutlich sichtbar nach außen. Ein Rassist sitzt nicht den ganzen Tag zu Hause und überlegt, wie er seine Hassobjekte beseitigen kann. Nicht selten versteckt sich ein Rassist auch hinter der Maske eines Antirassisten. Und das ist ein Punkt, an dem ich mit Robin DiAngelo durchaus übereinstimme. Weite Teile unserer demokratischen und pluralistischen Gesellschaft nehmen Rassismus nur dann wahr, wenn er unverhohlen daherkommt. Wenn das Knie eines

weißen Polizisten die Kehle eines schwarzen am Boden Liegenden zuschnürt. Wenn Flüchtlingsunterkünfte in Brand
gesetzt werden, kahlrasierte Männer Migranten durch die
Straßen hetzen. Rassisten, die ihren Rassismus so offen aus-
leben, machen es uns einfach. Wir können sie identifizieren
und uns von ihnen abgrenzen. Problematisch sind Rassisten, die ihre Gesinnung nicht offenbaren, aber Menschen
mit anderer Hautfarbe, Kultur oder Religion regelmäßig auf
subtile Art und Weise ausgrenzen, kränken oder diskriminieren. Und genau das macht es so schwer, Rassismus in
seiner Gänze zu erfassen und zu besiegen. Denn er ist wie
der Sexualtrieb des Menschen: Man kann ihn ein wenig zäh-
men, aber überwinden wird man ihn nie wirklich können.
Es wird immer Menschen geben, die ihre Sexualität nicht im
gegenseitigen Einvernehmen mit dem Sexualpartner aus-
leben. Und es wird immer Menschen geben, die andere hassen, nur weil sie anders aussehen oder anders denken.

DiAngelo hat in ihrem Buch und in zahlreichen Interviews
dargelegt, dass es am schwersten sei, mit jenen Menschen
über Rassismus zu reden, die von sich selbst behaupten, nie
bewusst etwas Rassistisches sagen oder tun zu wollen. Für
ihre Identität sei es entscheidend, nicht als Rassisten gesehen
zu werden, weshalb sie all ihre Energie darauf verwenden
würden, den eigenen Rassismus zu leugnen. Rassisten sind
immer nur die anderen, darauf werde ich später noch ausführlich zurückkommen.

Wir sind ein Stück weit blind dafür, was wir selbst jeden
Tag zu Ressentiments und Ausgrenzung beitragen. Obwohl – oder gerade, weil – sich das kollektive Bewusstsein
immer schneller in Richtung Vielfalt, Empathie und Welt-
bürgertum ausrichtet. Nicht alle können da mithalten, aber

es ist sehr viel einfacher, diejenigen aus der Menge heraus-
zupicken, die ihre Ängste offen artikulieren. Sie schreien
laut auf in einem Akt der Selbstvergewisserung und versuchen, sich gegenseitig Mut zu machen. Sie wähnen sich an
der Spitze einer Konterrevolution gegen die Errungenschaf-
ten der Moderne und gegen die offene Gesellschaft, weil sie
fürchten, darin keinen Platz mehr zu finden.

Rassismus wird es deshalb immer geben, solange die Welt
sich rasant verändert, während die alten Konzepte der geschlossenen Identitäten unverändert bleiben. Denn diese
alten Identitäten bauen auf der Gegnerschaft zu anderen
Identitäten auf. Menschen funktionieren so, dass sie in Kategorien denken, in Gruppen einteilen, wobei die eigene
Gruppe als sehr differenziert wahrgenommen wird, die der
anderen eher homogen. »Wir und die«, wobei die Inhalte, die
diese Kategorisierung bestimmen, je nach historischem oder
gesellschaftlichem Kontext unterschiedlich sein können.

Die Wurzeln des Rassismus allein in rechten oder religiösen Ideologien zu suchen, wäre daher ein fataler Fehler.
Rassismus hat etwas mit unserer Geschichte und mit unserem Selbstverständnis als Menschen insgesamt und mit der
Art und Weise, wie wir über uns selbst denken und wie wir
leben, zu tun. Wir definieren uns durch Attribute, die uns
ausmachen. Und hier liegt das erste Problem, hier öffnet
sich die erste kleine Tür zum Rassismus: Wenn ich sage,
ich bin ein Mann, ein Muslim, ein Deutscher, ein Liberaler,
ein Heterosexueller, grenze ich mich automatisch von allen
Menschen ab, die ein anderes Geschlecht, eine andere Religion, eine andere Nationalität, eine andere politische Richtung oder sexuelle Orientierung haben.

Diese Attribute machen aus uns unterschiedliche, unabhängige Persönlichkeiten, aber sie machen uns auch zu Kriegern in Identitäts- und Loyalitätskämpfen, selbst wenn wir das nicht bewusst wollen. Die Konturen unserer Identität schärfen wir seit Anbeginn durch die Unterscheidung zwischen dem, was wir sind, und dem, was wir nicht sind. Diese Selbstvergewisserung durch Abgrenzung hat Einfluss auf unsere Gedanken, unsere Diskussionen, unsere Arbeit, unsere Erziehung, unsere Hoffnungen und unsere Ängste. Die Wurzel von Hass und Rassismus liegt in dieser Trennung zwischen uns und den anderen. Offen zu Tage tretender und möglicherweise gewalttätiger Rassismus ist nur die Überspitzung dessen, was wir täglich bewusst oder unbewusst denken und tun. Auch Sie und ich, die wir vielleicht Stein und Bein schwören würden, alles zu sein, nur keine Rassisten.

Dazu ein einfaches Beispiel: Wenn man eine Fußballmannschaft anfeuert, will man, dass diese Mannschaft siegt, selbst wenn sie schlecht spielt. Man entwickelt Empathie für die eigenen Spieler und Antipathie für die der gegnerischen Mannschaft. Unser Wohlbefinden als Fan hängt davon ab, dass unsere Mannschaft gewinnt. Man will auf das gegnerische Tor schießen, will aber nicht, dass die anderen auf das unsere schießen. Man foult, will aber nicht gefoult werden. Man schreit, schimpft und flucht. Man fühlt sich besser, wenn man die anderen abwertet oder besiegt. Der Fußball ermöglicht Menschen, archaische Gefühle auszuleben, die in einer zivilisierten Welt keinen Platz mehr haben. Man schlägt sich auf die Brust, genießt die Gesellschaft Gleichgesinnter und singt Hymnen, die an Schlachtgesänge erinnern. In der Fankultur erlebt das archaisch-Sippenhafte, das männlich-Dominierte und Gewaltbejahende in gewisser Weise eine Wiederauferstehung. Ein Urzustand bricht sich Bahn, der Offenheit, Toleranz, Akzeptanz und politische Korrektheit für einen Moment vergessen lässt.

Die Entwicklung von Bildung, Ethik und Philosophie haben unsere Gedanken, Selbstbilder und das Bild der anderen verfeinert und zivilisiert. Die alten Säulen der klassischen Identität – Sippe und später Nation, Religion und Männlichkeit wurden von der Moderne relativiert und in die Schranken gewiesen. Nationalismus, Islamismus und Rassismus hingegen wollen zu den alten Weltbildern, den Schwarz-Weiß-Identitäten und traditionellen Rollenvorstellungen der Geschlechter zurück. Sie appellieren an die archaischen Instinkte vornehmlich des angeschlagenen Mannes, der sich danach sehnt, seine alten Einflussgebiete zurückzuerobern.

Aber auch wenn der Mensch von vielen genetischen, kulturellen und erzieherischen Faktoren in seinem Handeln geprägt ist, so ist doch kein Mensch dazu prädestiniert, ein Rassist zu sein oder einer zu bleiben. Eine der Fähigkeiten, die den Menschen von »anderen Tieren« unterscheidet, ist die Fähigkeit zur Reflexion. Sie ermöglicht es uns, die Mauern unserer biologischen, kulturellen und psychischen Grenzen zu überwinden. Die Aufklärung hat uns in die Lage versetzt, Schwachpunkte zu erkennen, wenn Identität nur an Herkunft, Nation oder Religion festgemacht wird. Die Geschichte hat uns gelehrt, dass wir fähig sind, unser Handeln zu überprüfen und gegebenenfalls zu korrigieren. Vor 200 Jahren war die Sklaverei noch eine Selbstverständlichkeit in der Welt. Ihre Gegner hatten damals einen schweren Stand und nicht nur die Rassentheoretiker, sondern selbst die Philosophen gegen sich. Immanuel Kant verstieg sich in seiner »Physischen Geographie« aus dem Jahr 1801 zu der These: »Die Menschheit ist in ihrer größten Vollkommenheit in der Race (sic) der Weißen. Die gelben Indianer haben schon ein geringeres Talent. Die Neger sind weit tiefer, und am tiefsten steht ein Theil (sic) der amerikanischen Völkerschaften.« Ausgerechnet er, der doch mit seinem kategorischen Imperativ ein grundlegendes Prinzip ethischen Handelns begründet hat.

Einige seiner Zeitgenossen und Nachfolger stellten sich sogar mit dem Argument gegen die Abschaffung der Sklaverei, dass ein Sklave es schwieriger haben würde, in einer Welt ohne einen Meister zu überleben, der sich um seine Nahrung und seine Gesundheit kümmert. Heute kann kein Mensch mehr die Sklaverei mit logischen Argumenten verteidigen. Damals waren die Argumente logisch, weil sie der kollektiven Weltanschauung entsprachen. Die damalige intellektuelle Elite, eskortiert von der Wissenschaft, sorgte für die theoretische Rechtfertigung und den moralischen Überbau, warum es legitim sei, weite Teile der Welt und mithin zahllose Ethnien gewaltsam zu unterdrücken.

Seitdem ist viel geschehen. Aber die Wurzeln dieser Vorstellungen reichen bis in die Gegenwart. Der heutige Rassismus ist keineswegs nur das Aufbäumen einer primitiven, archaischen Identität allein. Auch er hat sich weiterentwickelt, an die Gegebenheiten der Moderne angepasst, auch wenn er seine Herkunft nicht verleugnen kann.

Angst und eigene Demütigungen sind Triebfedern von Rassismus

Ich selbst wurde sehr früh in meinem Leben mit Rassismus konfrontiert, lange bevor ich mein Heimatdorf in Ägypten verließ. In allen arabischen Ländern, die ich seitdem besucht habe, war Rassismus gegen bestimmte Gruppen oder Ethnien ein wichtiger Bestandteil der dortigen Identität. In den USA und in Japan habe ich sowohl strukturellen als auch Alltagsrassismus erlebt. Und auch in Deutschland wurde ich Zeuge verschiedener Arten von Rassismen. Über manche redet man offen, über andere schweigt man lieber. In all diesen Ländern konnte ich die Angst erkennen, die sich hinter dem (vermeintlichen) Überlegenheitsgefühl verbirgt, das ein Rassist gegenüber seinen Opfern empfindet. Deren Leid und Ohnmacht kenne ich aus eigener, schmerzlicher Erfahrung.

Als ich noch ein Kind war und in einem ägyptischen Dorf lebte, gab es in meiner Klasse drei Schüler, die ständig diskriminiert wurden. Einer war ein Beduinenkind, das wegen seiner Sprache von den anderen Kindern gehänselt und von Lehrern oft geschlagen wurde, weil es sich immer wieder einnässte. Die Lehrer fanden aber auch Anlässe für Gewalt und Demütigungen. Einmal wurde der Junge geschlagen, während der Lehrer dabei einen Koranvers rezitierte: »Die Beduinen sind mehr (als die sesshaften Araber) dem Unglauben und der Heuchelei ergeben und eher geneigt, die Gebote, die Allah auf seinen Gesandten (als Offenbarung) herabgesandt hat, zu übersehen. Allah weiß Bescheid und ist weise.« (Sure 9, Vers 97)

Allah weiß Bescheid, aber das Kind wusste nicht, warum es dermaßen gehasst wurde. Mohammed hat sein Urteil über die Beduinen – und mit ihnen über die Juden und Christen als Ungläubige – vor 1400 Jahren gefällt. Viele Muslime halten diese Zuschreibungen des Propheten für allgemeingültig, bis heute.

Das andere Kind, ein christlicher Kopte, wurde wegen seiner Religion misshandelt. Seine Mitschüler rissen ihm das Kreuz vom Hals und schlugen ihn immer wieder so lange, bis er das Glaubensbekenntnis des Islam nachsprach. Vom gemeinsamen Herumtollen und Spielen mit den anderen Kindern in der Pause war er ausgeschlossen, weil er kein Muslim war.

Das dritte Kind war ich. Ich wurde wegen meiner Hautfarbe ausgegrenzt. Ich war heller als alle anderen Schüler. Meine Mutter stammte aus Kairo, ihr Vater, einige ihrer Schwestern und Brüder hatten grüne Augen. Auch mein jüngerer Bruder hat grüne Augen. Wegen meiner hellen Haut wurde ich in der Schule »Sohn der Kreuzritter« genannt. Der Legende nach sind grünäugige Ägypter mit heller Haut Nachkommen von Frauen, die von jenen Kreuzrittern vergewaltigt worden waren, die Ägypten im 13. Jahrhundert überfielen. Wegen meiner Haut gab man mir Frauennamen, und auch sonst wurde kaum eine Gelegenheit ausgelassen, mich zu kränken. Ich wünschte mir nichts sehnlicher, als eine dunklere Haut, um von den anderen Kindern angenommen oder zumindest nicht länger angegriffen zu werden. Diese Form der Selbstablehnung hat bei mir tiefe Spuren hinterlassen und prägt mich bis heute.

Deshalb kann ich sehr gut nachempfinden, wie machtlos Menschen sein können, wenn sie auf ihre Hautfarbe, Ethnie oder Religion reduziert oder allein deshalb gehasst und ausgegrenzt werden. Ich kann ihre Ohnmacht und Sprachlosigkeit nachfühlen. Und ich kann auch verstehen, warum manche Opfer von Rassismus ihre Identität genau um diese Rassismuserfahrungen herum aufbauen und sich mit der Fremdzuschreibung identifizieren.

Um die Opfer vor den Tätern schützen zu können, müssen wir aber auch versuchen, uns in deren Gedankenwelt hineinzuversetzen. Was sind ihre Motive, was die Gründe für ihren Hass, welches Bild haben sie von sich und anderen? Sind das allesamt brutale Monster? Oder arme Würstchen, unsichere Menschen, die nur dann ein wenig Stärke empfinden können, wenn es einen gibt, der schwächer ist als sie?

Viel zu früh musste ich mir die Frage stellen, warum Kinder so böse sein können. Mit der Zeit fand ich heraus, dass diejenigen, die uns drei so gequält, beleidigt und geschlagen haben, keine selbstsicheren Kinder waren. Sie wurden regelmäßig von den eigenen Eltern geschlagen und gedemütigt. Ihnen wurde ständig vermittelt, dass sie zu nichts gut seien. Im Elternhaus lernten sie, dass Gewalt und Beleidigungen die ersten Mittel der Wahl sind, um einen Konflikt zu lösen oder eine Meinungsverschiedenheit zu beseitigen. In der Schule selbst herrschte ebenfalls ein Klima der Angst. Sie hatten Furcht vor den Lehrern. Sie durften keine eigene Meinung haben und lernten nie zu verhandeln. Sie wussten nicht, was Vielfalt und Toleranz bedeuten. Sie wurden weder in der Schule noch zu Hause zu Empathie mit anderen ermutigt, sondern zum Misstrauen gegen sich selbst und andere erzogen. Außerhalb der Familie und des Klassenzimmers wollten sie ihre Angst überwinden, indem sie sich über jene erhoben, die anders waren und sich nicht wehren konnten. Ich selbst habe die Demütigungen lange ertragen. Erst als ich ihnen mit einem Messer drohte, hörten sie auf, mich zu kränken.

Die Väter und die Lehrer gaben an uns ihre eigene Angst weiter, die sie hinter Gewalt versteckten. Diese Angst- und Gewaltkette zu verstehen und zu entlarven ist aus meiner Sicht viel effektiver als die bloße moralische Verurteilung eines rassistischen Aktes. Noch wichtiger ist es, die Opfer von Rassismus zu ermächtigen, damit sie ihr Selbstbild nicht nach der Fremdzuschreibung durch hasserfüllte Menschen konstruieren. Deren Schwäche zu erkennen, kann ein erster Schritt sein. Und natürlich müssen wir Opfern von Rassismus den Zugang zu juristischen und gesellschaftlichen Institutionen erleichtern, damit sie Gerechtigkeit erfahren. Es ist wichtig, ihnen zu vermitteln, dass die Mehrheit der Menschen in diesem Land und das Gesetz auf ihrer Seite sind, und dass sie ihr Welt- und Selbstbild niemals von armseligen Menschen definieren lassen dürfen.

Was ich im Kleinen während meiner Kindheit erlebt habe, bringt im Großen ganze Länder an den Rand des Ruins. Der Libanon etwa wurde vom Rassismus zerstört. In diesem Land im Mittleren Osten gibt es 18 unterschiedliche religiöse und ethnische Gruppen, die sich zwischen 1975 und 1990 in einem brutalen Bürgerkrieg bekämpften. Grausame Massaker an Christen und Palästinensern wurden begangen, es gab fast 100 000 Tote, 800 000 Menschen flohen ins Ausland.

Jede Gruppe hat ihre eigene Version vom Beginn und Verlauf des Krieges. In den jeweiligen Versionen waren (natürlich) nur die anderen Rassisten und Aggressoren. Der Krieg begann nicht, weil eine Seite besonders mächtig war, sondern weil jede Seite Angst vor der anderen hatte und nur das Schlimmste von ihr erwartete. Keine dieser Identitäten konnte ohne die Abgrenzung zu den anderen gedacht werden.

»Ich lernte von meinen Eltern, dass die Christen uns töten und unser Land besetzen wollten. Mein Vater schulterte ein Gewehr und schoss auf christliche Dörfer. Ich fragte ihn über 20 Jahre später, ob er damals jemanden getötet hat. Er antwortete: ›Ich weiß es nicht. Ich hoffe es jedenfalls‹«, erzählte mir eine Freundin, die der Minderheit der Drusen im Libanon angehört.

Genau dasselbe dachten die Christen über die Schiiten und die sunnitischen Palästinenser. Der Krieg ist seit 30 Jahren vorbei, doch das Land hat es nicht geschafft, einen funktionierenden Staat aufzubauen. Immer wieder flammen Konflikte auf, teils angefacht von ausländischen Kräften. Die Wirtschaft ist am Boden, immer wieder gibt es Rücktritte in der Regierung. Anders als in vielen anderen arabischen Staaten in der Region gibt es im Libanon ein pluralistisches Parteiensystem. Die Sitze im Parlament müssen nach dem Grundsatz der konfessionellen Parität besetzt werden, also alle religiösen und ethnischen Gruppen müssen im Parlament und in den Ministerien vertreten sein. Das klingt auf den ersten Blick sehr fair, doch die unterschiedlichen Gruppierungen blockieren sich meist gegenseitig, sodass notwendige Entscheidungen verzögert oder erst gar nicht getroffen werden. Zusammenarbeit setzt Vertrauen voraus; aber das ist nicht vorhanden, weil die alten Ängste und Ressentiments immer noch allgegenwärtig sind.

Das gilt nicht nur für die Politik, sondern auch für die Bevölkerung. Ein schiitischer Freund von mir, ein Uni-Professor, erzählte mir einmal von einem gemeinsamen Abendessen in seinem Elternhaus mit einem Freund. Als dieser kurz vor Mitternacht nach Hause gegangen war, fragte seine Mutter, welcher Religion dieser Freund angehöre. Als sie hörte, dass er Druse sei, sprang die Mutter vom Sofa auf und begann hektisch, nicht nur alle Teller, die der Gast berührt hatte, sondern auch das gesamte Mobiliar zu desinfizieren. Dabei bat sie Gott mantraartig um Vergebung.

Als mein Freund diese Geschichte erzählte, hatte er Tränen in den Augen. Er fragte verzweifelt: »Wie kann man hoffen, dass dieses Land je wieder ein normales Land wird, wenn eine so freundliche Frau wie meine Mutter so viel Hass in sich trägt?« Der Hass zwischen Schiiten und Drusen hat religiöse Gründe. Jede Seite sieht die andere als in einem Irrglauben verhaftet. Und jede Seite sieht sich umgekehrt im Besitz der absoluten Wahrheit.

Etwas tröstlicher war da schon die Geschichte, die mir jene Freundin erzählte, deren Eltern in den Christen die größte Gefahr sahen. Ihre Eltern hätten ein sehr gutes Bild von den Juden, weil israelische Soldaten ihre hochschwangere Mutter während des Krieges in ihrem Militärfahrzeug zum Krankenhaus transportiert hatten, damit sie dort ihre Tochter zur Welt bringen konnte.

All diese Erzählungen zeigen, wie über alte Vorurteile, die nie hinterfragt wurden, Hass und Rassismus von Generation zu Generation weitergegeben werden. Sie zeigen aber auch, wie eine einzige menschliche Begegnung mit dem »Anderen« aus einem Feind einen helfenden Freund machen kann.

Die Verhältnisse im Libanon lassen sich natürlich nicht mit denen in Deutschland vergleichen. Dennoch erleben wir auch hier seit Jahren eine zunehmende Segregation, bei der sich jede Seite in die eigene Enklave zurückzieht. Es findet sich kaum ein Raum für symmetrische Begegnungen, bei denen man sich austauschen und kennenlernen könnte. Fehlt der Kontakt mit »dem Fremden«, wächst das Misstrauen, alte Vorurteile verfestigen sich, und jede Seite sieht schließlich in der anderen eine Gefahr für die eigene Identität. Es ist ein Angstkreislauf, der kaum zu durchbrechen ist, der sich längst verselbstständigt hat. Alle haben Angst vor allen. Die Linken vor den Rechten. Die Rechten vor den Migranten. Die Migranten sehen ihre Identität durch die westlichen Moralvorstellungen, die freie Gesellschaft und den völkischen Nationalismus auf der anderen Seite gefährdet. Man erzählt sich bedrohliche Geschichten über den anderen, redet aber kaum miteinander. Und jede Seite beschwert sich über den Rassismus oder den Nationalismus der anderen, übersieht aber den Rassismus und Nationalismus in den eigenen Reihen.

Rassisten sind immer nur die Anderen

Seit meinem Weggang aus Ägypten habe ich unzählige Länder bereist. Auf all meinen Reisen begegnete mir Rassismus. Ich habe ihn in demokratischen, freien Ländern ebenso erlebt wie in diktatorischen Systemen. Ich habe Rassismus erlebt, der entlang religiöser und ethnischer Grenzen verlief, der auf historischen Konflikten fußte, auf Angst vor sozialem Abstieg und vielem mehr.

Die schwierigste Reise aber war die Reise zu mir selbst. Und zu dem Eingeständnis, dass auch in einem Menschen wie mir, der selbst ein Opfer von Rassismus war, ein Rassist stecken kann. Ich würde sogar so weit gehen zu behaupten, dass in jedem von uns – auch in einem überzeugten Antirassisten – ein kleiner Rassist steckt, der nur darauf wartet, in Erscheinung zu treten. Manchmal ist dieser Rassist der Bodyguard unserer Identität. Ihn zu erkennen, ist nicht leicht. Aber ihm zu erliegen, ist aus meiner Sicht eine der größten Niederlagen, die ein Mensch erleben kann. Deshalb ist es so wichtig, nicht immer nur mit dem Finger auf andere zu zeigen und nur den offenen Rassismus klar zu benennen. Wenn wir uns selbst überprüfen, werden wir feststellen, dass auch in unseren Köpfen Stereotype herumgeistern, dass wir Menschen in Schubladen stecken und kategorisieren.

Vorurteile gehören zu unserer Psyche dazu. Sie helfen uns, Situationen schnell einordnen zu können, sind ein Mechanismus unseres Gehirns, mit dem es auf die Komplexität des Alltags reagiert. Weil so viele Informationen auf uns und unser Gehirn einprasseln, müssen wir vereinfachen. Eine Zuordnung erfolgt zunächst auf der kognitiven Ebene. Wir ordnen Attribute zu, bilden Stereotype. Auf der affektiven Ebene verknüpfen wir diese Stereotype mit Gefühlen, positiven wie negativen. Letzteres kann auf der Verhaltensebene dazu führen, dass wir diskriminieren oder gar Gewalt ausüben. Die Verhaltensebene ist die Ebene, die wir am ehesten kontrollieren können. Es hilft also, das eigene Handeln und Denken immer wieder zu überprüfen.

Wir alle tragen schwere Koffer mit uns, deren Inhalte wir uns zunächst nicht selbst ausgesucht haben. Wir alle werden durch unsere Erziehung und unser soziales Umfeld, durch unsere Ängste und Unsicherheiten konditioniert. Diese Unsicherheit hat auch mit der Art zu tun, wie wir auf uns selbst blicken und mit welchen Ansprüchen wir konfrontiert sind. Manchmal zerbrechen wir daran und machen andere dafür verantwortlich.

Eltern, die ihre Kinder zum Misstrauen gegen sich selbst und andere erziehen, bereiten unbewusst den Boden dafür, dass diese Kinder später entweder selbst zu Rassisten oder zu einer leichten Beute für Rassisten werden. In Familien, in denen Kindern kein Urvertrauen beigebracht wird, in denen Aggression den Umgang miteinander bestimmt, besteht die Gefahr, dass sich die Kinder irgendwann mit dem Aggressor identifizieren, um zu überleben. Sie wenden jene Gewalt an, die ihnen zuvor angetan wurde. Hierin liegt eine Wurzel von Hass, gegen sich selbst und andere, trifft dieser Hass dann auf bestimmte Vorurteile oder Ideologien, findet er einen Weg, sich zu kanalisieren.

Wenn Eltern ihren Kindern ein gutes Selbstwertgefühl

vermitteln, stärken sie deren Abwehrkräfte sowohl für Rassismus als auch für eine mögliche rassistische Kränkung. Rassisten können uns vor allem da besonders wehtun, wo wir bereits gebrochen oder unsicher sind.

Auch wenn ich es für falsch hielt, dass der Beduinenjunge und der christliche Kopte in der Schule aufgrund ihrer ethnischen bzw. religiösen Herkunft geschlagen und gedemütigt wurden, schaffte ich es nie, mich mit ihnen zu befreunden. Mein christlicher Klassenkamerad hatte mich einmal zu sich nach Hause eingeladen. Ich saß am Esstisch und brachte keinen Bissen herunter, weil meine Mutter mir einst erzählt hatte, dass Christen schlecht riechen, komische Rituale mit dem Essen machen und Kreuze im Brot verstecken würden. Und als ich Jahre später einmal eine schlechte Erfahrung mit einem Beduinen machte, kam mir der Koranvers in den Sinn: Beduinen sind heuchlerisch und lügenhaft.

Als Student in Kairo arbeitete ich in einem Reisebüro am Flughafen. Eines Tages kam ein Mann herein, der eine Laute (das arabische Musikinstrument Oud) dabeihatte. Er sah gut aus, sprach ein gepflegtes Englisch und war sehr humorvoll. Ich hatte großen Spaß mit ihm, während ich die gewünschte Reise nach Luxor und Assuan buchte. Als ich damit fertig war, griff er spontan nach seiner Laute und begann zu spielen. Die Melodie war mir bekannt, doch ich konnte die Sprache, in der er dazu sang, nicht verstehen. Sie klang schön und sehr gefühlvoll.

Als er fertig war, fragte ich ihn, welche Sprache das gewesen sei. Er antwortete, das sei Hebräisch gewesen. Und dann erzählte er mir, dass er ein jemenitischer Jude sei und seit seiner Kindheit in Amerika lebe. Jetzt sei er auf dem Weg nach Israel und mache vorher zum ersten Mal in seinem Leben einen Zwischenstopp in Ägypten. Er liebe ägyptische Musik und habe sogar einige Lieder der legendären Sängerin Umm Kulthum ins Hebräische und Englische übertragen. Seine jüdischen Freunde in Amerika und Israel liebten diese Lieder, sagte er lächelnd.

Ich hatte ihm kaum noch richtig zugehört. Als ich die Worte »Jude« und »Israel« vernommen hatte, verwandelte sich dieser gutaussehende, angenehme Mann mit der wunderbaren Gesangsstimme vor meinem geistigen Auge in einen Affen. Ich hatte bis dahin noch nie einem Juden gegenübergestanden, aber unzählige Geschichten in der Schule und in der Moschee gehört, wie hässlich und hinterhältig Juden seien. Am meisten aber hatten mich die Erfahrungen meines Vaters während des Sechstagekrieges 1967 geprägt, an dessen Ende die Israelis die ägyptische Armee vernichtend geschlagen hatten. Mein Vater hatte seinen besten Freund auf dem Schlachtfeld verloren, war selbst sechs Monate lang vermisst gewesen und kam traumatisiert und gebrochen nach Hause zurück. All das hatte sich vor meiner Geburt ereignet. Doch die Kriegserfahrungen hatten aus dem freundlichen humorvollen jungen Mann, den ich nie kennenlernte, einen jähzornigen und gewalttätigen Vater gemacht, der meine Kindheit mit Angst erfüllte. Da ich meinen Vater dafür nicht verurteilen wollte, machte ich die Juden für seine Wandlung verantwortlich.

Wir sehen vom Leben, was wir über das Leben denken, nicht was das Leben wirklich bietet. Bei der Begegnung im Reisebüro waren Gedanken, die nicht meine waren, und Erfahrungen, die ich nicht selbst gemacht hatte, entscheidend bei der Bewertung eines Menschen, den ich mit ganz anderen Augen betrachtet hätte, wenn ich nicht die Koffer der Geschichte des arabisch-israelischen Konflikts und der persönlichen Erfahrungen meines Vaters als Teil meiner Identität mitgeschleppt hätte. Dieser Koffer wog so schwer, der Hass saß so tief, dass daran auch die Begegnung mit diesem sympathischen Juden mit seiner wunderbaren Musik nichts ändern konnte.

Auch nachdem ich nach Deutschland gekommen war, blieb es schwierig für mich, mich mit einem Juden anzufreunden. Ich verlor wertvolle Menschen, nur weil ich erfahren hatte, dass sie Juden waren. Erst eine weitere Begegnung hat das endgültig verändert: Im Jahr 2003 saß ich mit einem ägyptischen Freund im Café de Flore in Paris. Wir erzählten uns Witze und unterhielten uns über einen ägyptischen Film. Ich bemerkte, dass ein alter Mann am Tisch gegenüber uns beobachtete und immer wieder schmunzelte. Nach einer Weile kam er zögernd zu uns herüber und fragte in leicht gebrochenem ägyptischem Dialekt, ob wir Ägypter seien. Als wir bejahten, sagte er mit einem wehmütigen Lächeln: »Ich bin auch Ägypter.« In der Art, wie er das sagte, lag so viel Emotion, als habe er diesen Satz schon lange nicht mehr laut ausgesprochen. Wir baten ihn, sich zu uns zu setzen. Es dauerte nicht lange und er begann, Geschichten aus seiner Kindheit in Alexandria zu erzählen. Es war wie eine Zeitreise für uns, denn er beschrieb eine Stadt, die wir so nicht gekannt hatten, und er sprach in einem Dialekt, den wir nur aus alten Schwarz-Weiß-Filmen kannten. Und dann fiel der Satz, der für mich eigentlich ein Schock hätte sein müssen, es aber seltsamerweise nicht war: »Ich bin Jude.«

Er blickte uns unsicher an, als ahnte er, wie wir darauf reagieren würden. Ich hörte mich sagen, dass er doch weitersprechen solle. Der Mann erzählte uns, dass er Ägypten nach der Machtergreifung Gamal Abdel Nassers im Jahr 1952 verlassen musste; die Juden wurden damals beschuldigt, Kollaborateure Israels zu sein. Er musste alles zurücklassen, sich von Freunden verabschieden und von dem Land, das er stets als seine Heimat betrachtet hatte. Er liebe Ägypten noch immer, sagte er, und freue sich wie ein kleines Kind, wenn er die ägyptische Sprache höre.

Muss man so jemanden hassen? Warum muss man überhaupt irgendjemanden hassen? Jeder Mensch hat eine Geschichte, die wir nur selten hören. Eine Geschichte, die ihn mit uns verbindet. Wir Araber waren auf die Israelis sauer, weil sie die Palästinenser aus ihren Häusern vertrieben haben. Umgekehrt hatten wir kein Problem damit, dass wir die ägyptischen, die libanesischen, die jemenitischen, die irakischen und die tunesischen Juden vertrieben haben, die Jahrhunderte unter uns gelebt und unsere Kultur, Bildung und Kunst enorm bereichert haben? Die Vertreibung der arabischen Juden war nicht nur eine Amputation auf kultureller, sondern auch auf menschlicher Ebene.

Alexandria ist heute fest in den Händen der Salafisten – früher war diese kosmopolitische Stadt Heimat für Italiener, Griechen, Juden und Malteser. Der arabische Nationalismus und nach ihm der Islamismus wollten die Stadt von allen fremden Einflüssen reinigen, um den »gesunden arabischen und islamischen Volkskörper« zu schützen. Das Ergebnis war: Diejenigen, die diesen Volkskörper angeblich retten wollten, haben ihn nachhaltig entstellt. Sie dachten, man könne Frieden finden, indem man dem Leben aus dem Weg geht. Und Leben bedeutet nun einmal Vielfalt.

Ich war sehr dankbar, damals in Paris diesen ägyptischen

Juden getroffen zu haben: Er hat mir den Spiegel vorgehalten, in dem ich den lange in mir schwärenden Hass endlich als grundfalsch erkennen konnte. Er hat in mir und meinem Freund nach einem Stück verlorengegangener Heimat gesucht. Und ich habe in ihm ein Stück lange verlorenes Ägypten gefunden. Diese Begegnung hat meine Einstellung für immer verändert. Von nun an sollte weder Religion noch Nationalität darüber bestimmen, mit wem ich eine Freundschaft schloss.

Und noch etwas geschah damals: Seine Erzählung hatte mich neugierig gemacht auf die Geschichte der Juden in der arabischen Welt. Ein Jahr später trat ich eine Stelle als Islamwissenschaftler an der Universität Erfurt an. Meine Forschung und meine Lehrveranstaltungen drehten sich um den Einfluss des Juden- und Christentums auf den frühen Islam. Zwei Jahre später arbeitete ich am Georg-Eckert-Institut für internationale Schulbuchforschung und organisierte dort internationale Konferenzen zum Thema Selbst- und Fremdbild in arabischen Schulbüchern. Und schließlich arbeitete ich am Lehrstuhl für jüdische Geschichte und Kultur an der Universität München. Einer der Schwerpunkte dort war die Geschichte der Juden in der arabischen Welt. Und so wurde aus dem Mann, der noch wenige Jahre zuvor ein überzeugter Antisemit gewesen war, ein Experte in Sachen jüdische Geschichte. Im Jahr 2015 wurde ich mit der renommierten Josef-Neuberger-Medaille der jüdischen Gemeinde Düsseldorf für meinen Kampf gegen Rassismus und Antisemitismus ausgezeichnet.

Und dennoch kann ich nicht behaupten, dass ich heute anderen Menschen immer vorurteilsfrei begegne. Wir alle tappen fast täglich in die Falle der Konditionierung. Wir bauen Grenzen zu Menschen ab und bauen gleichzeitig neue Mauern zu anderen Menschen auf. Wegen meiner islamkritischen Bücher lebe ich seit acht Jahren unter Polizeischutz. Islamisten aus der arabischen Welt und aus Deutschland wollen mich wegen meiner Thesen umbringen. Es kann jeden Tag passieren. Oder auch nicht.

Immer wieder wurde ich angegriffen, auf der Straße in Berlin oder bei Veranstaltungen. Nur die Personenschützer konnten Schlimmeres verhindern. Durch solche Vorfälle und die massiven Drohungen entwickelte ich ein Misstrauen gegen Menschen, die irgendwie religiös aussehen, und achtete darauf, dass sie mir nicht zu nahe kamen. Mit der Zeit habe ich eine regelrechte Paranoia entwickelt, die manchmal die Falschen trifft.

Wie perfekt die eingangs erwähnten drei Ebenen – kognitive, affektive und Verhalten – hier zusammenwirken, habe ich erst 2019 wieder erlebt. Bei einer Diskussionsveranstaltung an einem Gymnasium debattierte ich mit einigen Schülern und Schülerinnen über meine Thesen zum Thema Identität in einer pluralistischen Gesellschaft. Einer der Schüler hieß Emre. Ich vermutete, dass er derjenige sein würde, der meine Thesen am heftigsten kritisieren würde, da sein Name türkisch klang. Doch während der Diskussion stellte sich heraus, dass Emre meine Thesen nicht nur teilt, sondern er initiierte auch diese Diskussionsveranstaltung, damit seine Mitschüler sich mit meinen Thesen auseinander setzten.

Während der Diskussion sah ich auch, wie eine Schülerin mit Kopftuch eifrig mitschrieb. Ich erwartete, dass sie sich irgendwann zu Wort melden und sich darüber beschweren würde, dass meine islamkritischen Thesen ihr das Leben schwer machten. Vielleicht würde sie mich sogar für die Diskriminierungserfahrungen verantwortlich machen, denen sie wegen des Kopftuchs ausgesetzt sei. Solche Gedanken kamen nicht von ungefähr, solche Vorwürfe habe ich mehrfach bei Veranstaltungen an Schulen und Universitäten zu hören bekommen. Doch die junge Frau meldete sich nicht zu Wort. Nach der Veranstaltung kam sie zu mir und sagte: »Danke für den Vortrag. Ich habe heute viel gelernt.« Dann drehte sie sich um und ging.

Auch ich habe an diesem Tag viel gelernt. An diesem Tag fiel eine Mauer zwischen mir und Frauen, die ein Kopftuch tragen und damit ihre religiöse Zugehörigkeit zeigen. Ich sehe das nach wie vor kritisch, aber ich habe mich daran erinnert, dass meine Großmutter, die mir viel beigebracht hat, auch ein Kopftuch trug. Ich habe verstanden, dass ich nicht länger zulassen darf, dass ein paar Fanatiker meine Beziehung zu Millionen von Muslimen stören. Ich habe inzwischen auch gelernt, toleranter mit unfairer Kritik, die von religiösen Muslimen kommt, umzugehen. Denn der Rassist in mir, der vor wenigen Jahren die Juden hasste, dachte und handelte viel schlimmer. Erst, wenn man seine eigenen Gefängnisse begreift, lernt man, die anderen nicht dafür zu verfluchen, dass auch sie in einem Gefängnis sitzen.

Wenn die Fremdzuschreibung zum Selbstbild wird

Wenn ich alle meine persönlichen Erfahrungen mit Rassismus aufzählen würde, wäre die Liste ziemlich lang. Wichtig dabei ist jedoch nicht, was ich erlebt habe, sondern welches Selbst- und Deutschlandbild ich zu diesem Zeitpunkt hatte. Denn diese beiden Faktoren waren entscheidend dafür, ob ich eine Äußerung oder Tat überhaupt als Rassismus deutete.

In meinen ersten Jahren in Deutschland war ich extrem unsicher und unzufrieden mit meinem Leben und ich hatte starke Versagensängste. Mein Vater hatte mir vor meiner Abreise prophezeit, dass ich in Deutschland scheitern und gebrochen und enttäuscht nach Ägypten zurückkehren würde. Meine Mutter hatte Jahre zuvor Bilder von marschierenden Neonazis und brennenden Asylantenheimen im Fernsehen gesehen und Angst, Leute wie diese könnten mich umbringen. In jedem Brief warnte sie mich eindringlich davor, nachts alleine aus dem Haus zu gehen. Ihre Ängste wurden zu meinen Ängsten. Die Sorgen meiner Mutter und die Prophezeiung meines Vaters begleiteten mich auf Schritt und Tritt.

An schlechten Tagen galt für mich allein das falsche Aussprechen meines Namens durch einen Beamten in irgendeiner Behörde oder durch einen Professor an der Uni als Rassismus. An guten Tagen machte mir das nichts aus, ich korrigierte die Aussprache und hakte die Sache ab. Aber diese Tage waren eher selten. Das änderte sich erst, als ich mein eigenes Verhalten, meine eigenen Erwartungen einer Prüfung unterzog. Auslöser war eine Begegnung, auf die ich komplett unvorbereitet war, obwohl ich sie doch immer irgendwie erwartet hatte.

Eines Nachts vor 24 Jahren saß ich in München in der Straßenbahn. Plötzlich kam ein Mann mittleren Alters auf mich zu und brüllte: »Scheiß Ausländer! Warum gehst du nicht nach Hause? Was hast du hier zu suchen?« Der Mann war offensichtlich betrunken und sein Ton war ziemlich aggressiv. Die anderen Fahrgäste schauten weg, als hätten sie nichts gehört.

In diesem Moment schienen die Ängste meiner Mutter wahr geworden zu sein. Der aggressive Ton dieses Mannes traf mich direkt im Zentrum meiner Unsicherheit. Es war das erste Mal, dass ich richtig Angst hatte in Deutschland. Es war das erste Mal, dass ich zu glauben begann, ich sei tatsächlich ins falsche Land eingewandert.

Eine gefühlte Ewigkeit harrte ich schweigend in meinem Sitz aus, ich wusste nicht, wie ich darauf reagieren sollte. Doch dann erinnerte ich mich an etwas, das meine Großmutter über Fremde zu sagen pflegte: »Es gibt keine Fremden, sondern nur Menschen, mit denen wir uns noch nicht unterhalten haben. Wann immer du Angst vor jemandem hast, frag ihn, wie er heißt. Das ist ein guter Anfang für eine Unterhaltung!«

Ich musterte den Mann, der immer noch drohend vor mir stand, und bemerkte, dass er einen Schal des Fußballvereins 1860 München trug. Spontan sagte ich: »Ich bin nach München gekommen, weil ich ein Sechzger-Fan bin.« Seine Gesichtszüge entspannten sich ein wenig. »Woher kommst du denn?«, fragte er.

»Aus Ägypten.«

»Wie jetzt? Kennt man in Ägypten die Sechzger?«

»Klar! Die ägyptischen Fußballfans wissen, dass die Bayern nur ein Haufen zusammengekaufte Millionäre sind. Aber die Sechzger, das sind die wahren Münchner.«

Der Mann grinste zufrieden und ließ sich in den Sitz neben mir fallen.

»Ich heiße übrigens Hamed. Das bedeutet auf Arabisch ›der Dankbare‹«, sagte ich.

»Der Dankbare? Gut, gut!«, sagte er. »Ich heiße Jonas. Aber ich glaub nicht, dass das irgendwas bedeutet.«

»Doch! Jeder Name hat eine Bedeutung. Jonas bedeutet ›Taube‹. Ich kenne die Geschichte des Propheten Jonas aus der Bibel und aus dem Koran.« Und dann erzählte ich ihm die Geschichte von Jona, der sich vor einem Auftrag Gottes drücken wollte und sich schließlich im Bauch eines Walfischs wiederfand. Nach drei Tagen und Nächten des Gebets spie der Fisch Jona wieder aus. Dieser Mal erfüllte er Gottes Auftrag. Aber da hörte mir Jonas schon gar nicht mehr richtig zu. Ihm reichte es, dass sein Name doch eine Bedeutung hatte. Als ich ausstieg, klopfte er mir auf die Schulter und winkte mir zum Abschied zu.

Ich hätte nach diesem Vorfall nach Hause gehen und stundenlang über die Deutschen klagen können, die entweder rassistisch waren oder unter mangelnder Zivilcourage litten. Stattdessen dachte ich lange nach – nicht nur über das Verhalten dieses Mannes, sondern auch über mich, meine Ängste und mein Selbstbild. War dieser Mann ein Rassist? Vermutlich nicht. Einen eingefleischten Rassisten kann ein Ausländer nicht so leicht mit einer netten Unterhaltung umstimmen. Was wusste ich schon darüber, welche Koffer auch er mitschleppen musste und welche Unsicherheiten sein Leben bestimmten. Es lag an mir, welchen Impulsen ich nun nachgab, wie ich die Situation einordnete.

In mir kämpften das Misstrauen und die Ängste meiner Eltern mit dem menschenfreundlichen Selbstbewusstsein meiner Großmutter. Und am Ende hat die Menschlichkeit gesiegt. Ich konnte in diesem Mann einen Menschen erkennen, der Schwächen hat und Ängste. Ein Individuum, nicht den Vertreter einer Gruppe wie »die Deutschen«, die allesamt ein Problem mit Ausländern haben. Meine eigene Reduzierung auf meine Herkunft traf mit der Fremdzuschreibung »Scheiß Ausländer« zusammen, eine unheilige Allianz.

Rassismus lebt vielfach von einem Mangel an Kommunikation und von asymmetrischen Begegnungen, bei denen sich eine Seite von Anfang an tatsächlich überlegen fühlt, die andere minderwertig. Oder aber, indem man der jeweils anderen Seite diese Rolle zuschreibt. Wir sehen in unseren Mitmenschen häufig nur das, was wir sehen wollen oder was wir fürchten. Alles, was wir fürchten, hat mit unseren eigenen Urängsten zu tun. Meine Ängste – und die meiner Eltern – haben in dieser Begegnung zunächst eine Bestätigung gefunden. Der Rassist in mir (»alle Deutschen sind ...«) hat sich mit dem Rassisten in Jonas (»alle Ausländer sind ...«) gekreuzt. Eine Begegnung also, die auf bereits vorhandenen Selbst- und Fremdzuschreibungen beruhte.

Erst als ich etwas gefunden hatte, was ihn mit mir verbindet, war Jonas ein anderer Mensch. Nein, er war immer noch der gleiche Mensch, aber ich konnte in ihm eine andere Identität erkennen, die größer war als die des Aggressors. Und ich konnte in mir eine andere Identität erkennen, die größer war als die des Verletzten. So beginnt Versöhnung, mit sich selbst und anderen.

Von diesem Moment an versuchte ich, nicht gleich die Rassismuskeule auszupacken, wenn ich abgelehnt wurde. Das ist mir nicht immer leichtgefallen. Oft war es schwierig für mich, in Deutschland eine Wohnung zu finden. Als ich einmal einen Vermieter in Braunschweig anrief, mich mit Vor- und Nachnamen meldete und ihn nach seiner Wohnung fragte, antwortete er: »Nein, ich vermiete nie wieder an Tunesier.« Auf meinen Einwand, ich sei kein Tunesier, entgegnete er nur: »Das ist mir egal. Ihr verwüstet mir doch alle die Wohnung.« Ich war stinksauer, stand ich doch unter Zeitdruck und musste innerhalb einer Woche eine Wohnung finden. Ein anderer war höflicher und behauptete, die Wohnung sei bereits vermietet. Doch als ich einen deutschen Freund beauftragte, nach der gleichen Wohnung zu fragen, wurde ihm ein Besichtigungstermin angeboten.

Handeln Menschen wie diese aus rassistischen Motiven? Oder haben sie tatsächlich einmal schlechte Erfahrungen gemacht und übertragen diese nun auf alle, die Hamed, Mohammed oder Abdel heißen? Und wie verhält es sich mit einem Arbeitgeber, der muslimischen Bewerbern mit Vorbehalten begegnet? Würde er sie grundsätzlich ausschließen, weil es muslimische Bewerber sind, wäre das Rassismus. Zögert er aber, weil er in der Vergangenheit die Erfahrung gemacht hat, dass eine Mitarbeiterin keine Überstunden machen oder auf Dienstreisen gehen durfte, weil sonst Ärger mit dem Ehemann drohte, oder ein muslimischer Kollege sich weigerte, einer Frau die Hand zu schütteln, wird die Sache komplizierter. Je stärker sich jemand selbst mit der Zuschreibung »Ausländer« identifiziert, umso stärker wird der Impuls, jede Form von Kritik oder Ablehnung allein daran festzumachen.

Ich selbst werde zum Beispiel ständig mit Fragen konfrontiert wie: »Wann gehst du eigentlich wieder nach Ägypten zurück?« Früher hätte ich das als klaren Beleg dafür empfunden, dass man mich hier nicht haben will. Nach der Veröffentlichung meines Buches »Aus Liebe zu Deutschland« bekam ich auch viele Nachrichten mit dem Tenor: »Du hast doch keine Ahnung von Deutschland, bleib lieber beim Thema Islam« oder »Du bist ein Passdeutscher, kein richtiger Deutscher.« Solche Bemerkungen verbuche ich heute nicht mehr unter dem Stichwort Rassismus. Ich kann mich inhaltlich wehren, und ich weiß, dass ich nicht die Genehmigung von allen achtzig Millionen Deutschen brauche, um mich als Deutscher zu sehen und zu fühlen. Der erste und wichtigste Schritt auf diesem Weg zur Selbstermächtigung war es, mich selbst als Individuum mit unzähligen Facetten begreifen zu können, anstatt mich auf eine einzige zu reduzieren.

Bei vielen Menschen mit Migrationshintergrund, die sich ohnmächtig und gekränkt fühlen, definiert die Fremdzuschreibung der »Überlegenen«, wie sie sich fühlen und was sie über sich denken. Wie bestärkt man solche Menschen, ohne sie in einer Opferhaltung verharren zu lassen? Wie fördert man das Selbstwertgefühl dieser Menschen und verhindert eine Flucht in Nationalismus, Fanatismus und Allmachtfantasien? Wie klärt man über Rassismus auf, ohne in die gleichen Kategorien von Gut und Böse zu verfallen, die das Weltbild von Rassisten bestimmen? Um Fragen wie diese wird es im zweiten Teil dieses Buches gehen.

Wenn Stereotype nicht hinterfragt werden

Unsere Vorstellungen von anderen Menschen beruhen nicht immer auf persönlichen Erfahrungen. Sie sind oftmals eher ein Produkt von Gedanken. Diese Gedanken sind häufig nicht unsere eigenen, sondern die Gedanken anderer, die wir übernommen haben, ohne diese zu verifizieren oder zu falsifizieren.

Als der Mann im Reisebüro das Wort »Jude« ausgesprochen hatte, war es nicht länger eine Begegnung zwischen zwei Menschen, sondern ein Kulturkampf zwischen zwei Völkern, zwei Erinnerungskulturen. Die Wunden, die nicht meine waren, saßen tief. Ich musste diesen Mann stellvertretend für meine Landsleute hassen. Auch wenn er mit mir die Liebe zu Umm Kulthum teilte, und in mein Land gekommen war, um die Denkmäler meiner Kultur zu bewundern. Das Wort »Jude« hatte ausgereicht, um eine hohe Mauer zwischen ihm und mir zu errichten. Ich konnte den Menschen in ihm nicht mehr erkennen und es kaum erwarten, dass er das Reisebüro wieder verlässt.

Wir alle fahren täglich auf der Autobahn der Vorurteile und benutzen Stereotype und Kulturklischees als Leitplanken. Selten hinterfragen wir das, was wir über die anderen wissen oder zu wissen glauben. Selten verlassen wir die Autobahn, um unsere Vorstellungen mit der Realität in den Dörfern, Städten und Häusern der anderen abzugleichen. Selten merken wir, dass das Haus, das wir unsere Identität nennen, eigentlich ein Gefängnis ist, das uns daran hindert, am Leben teilzunehmen. Selten fragen wir uns, ob das, was wir über die Welt und die Menschen wissen, wahr ist, weil wir um dieses nicht überprüfte Wissen schon eine Identität und ein Wertesystem aufgebaut haben. Oft halten wir an unseren Vorurteilen fest und benutzen sie als Schutzschilde gegen den anderen, den wir für überlegen oder unterlegen halten, dies aber nicht zugeben wollen.

Als Student in Deutschland saß ich oft mit Kommilitonen zusammen, die wie ich einen Migrationshintergrund hatten. Immer wieder klagten wir dabei über den Rassismus der Deutschen. Dabei fielen in unseren Gesprächen verallgemeinernde Äußerungen wie: »Die Deutschen sind arrogant«, »Die Deutschen haben keine Esskultur« oder »Die Alliierten haben Hitler besiegt, aber die Deutschen trauern ihm nach.«

Manche meiner Mitstudenten mit türkischen, afrikanischen oder arabischen Wurzeln haben einen interessanten Identitätspoker gespielt. Wenn gebürtige Deutsche dabei waren, zeigten sie sich beleidigt, wenn man sie nach ihrer Herkunft fragte und antworteten gereizt: »Ich bin Deutscher« oder »Ich komme aus Augsburg«. Waren sie unter sich, und einer aus der Runde behauptete, er fühle sich deutsch, nahmen ihm die anderen das nicht ab: »Wirklich? Das glaubst du doch selbst nicht!« Es gehörte zum guten Ton, sich von Deutschland und den Deutschen zu distanzieren oder diese sogar abfällig als »Kartoffeln« zu bezeichnen.

Während sie selbst immer wieder ihre türkische, arabische oder afrikanische Herkunft thematisierten und den Unterschied zwischen ihrer ursprünglichen Kultur und der deutschen Mentalität, galt ein gebürtiger Deutscher, der ihre

Herkunft thematisierte, als Rassist. Umgekehrt hätten sie selbst in ihrer Ablehnung des Deutschen keinen Rassismus erkannt.

Ja, aber das ist doch wirklich kein Rassismus, würde ein linksliberaler Freund von mir sagen. Um Rassist zu sein, müsse man in einer Machtposition sein, in der das Opfer sich nicht wehren kann. Einen Deutschen im kleinen Kreis als »Kartoffel«, »unmoralisch« oder »Nazi« abzustempeln sei ja keine schädigende Erfahrung für die so Bezeichneten und deshalb gelte das nicht als Rassismus. Diese Behauptung mag dann richtig sein, wenn wir das gleiche Prinzip für alle gelten lassen. Das ist aber nicht der Fall: Wenn ein Weißer sich abfällig über Schwarze, Türken oder Araber äußert, dann ist dies Rassismus. Umgekehrt aber nicht? Wer hat solche Hierarchien eigentlich festgelegt?

Rassismus beginnt mit einem Gedanken, der sich im Kopf festsetzt, und zu einer ablehnenden Haltung gegenüber einem anderen Menschen führt. Es beginnt damit, dass ich mein Gegenüber nicht als Individuum betrachte, sondern als Teil einer Masse, die genauso aussieht, denkt und handelt wie er oder sie. Aus irgendwelchen Gründen lehne ich ab, wie mein Gegenüber aussieht, denkt und handelt. Ich lade diese Ablehnung mit Emotionen auf, steigere mich immer in meinen Hass hinein und unterstelle ihm, mich schädigen oder gar vernichten zu wollen.

Das ist die Logik des militanten Islamismus, die alle Menschen im Westen als Vertreter einer Kultur betrachtet, die den Islam vernichten will. Auch der islamistische Terror beginnt letztlich mit einem Gedanken, mit einer abwertenden Äußerung wie »ungläubig«. Dieser Stempel reicht aus als Legitimation für Hass, Gewalt und Tod.

Klagen über den Rassismus der Deutschen und das Schwingen der »Nazikeule«, wie ich das bei manchen Mitstudenten erlebt habe, können Machtinstrumente sein, um sein Gegenüber moralisch unter Druck zu setzen, und mundtot zu machen. (Dazu später mehr.) Das mag kein struktureller Rassismus im klassischen Sinne sein, aber es handelt sich eindeutig um Rassismus im wissenschaftlichen Sinne. Die Inhaftnahme auch junger Deutscher für die Vergangenheit ist etwas, unter der viele Menschen leiden. Und die ein offenes Gespräch im Keim erstickt.

Ich kann dennoch diese jungen Menschen heute besser verstehen als noch vor ein paar Jahren. Auch sie tragen schwere Identitätskoffer mit sich, die sie sich selbst nicht ausgesucht haben. Sie wollen gerne dazugehören, doch von allen Seiten kriegen sie Signale, dass sie nicht dazugehören können oder dürfen. Die Mehrheitsgesellschaft stößt sie von sich und im Elternhaus erleben sie, wie sich Vater und Mutter entweder in die Religiosität zurückziehen oder aber zum türkischen oder arabischen Nationalismus. Egal, was sie tun, sie können es keinem recht machen. Für manche Eltern ist der Satz: »Ich bin Deutscher« oft ein Schlag ins Gesicht und ein Verrat an der eigenen Identität. Für manche Deutsche öffnet dieser Satz die Tür zu einer Unterwanderung ihrer Identität.

Junge Menschen mit Migrationshintergrund werden in die Zange genommen von zwei Kulturen, die sich gegenseitig sehr skeptisch gegenüberstehen. Deshalb identifizieren sich viele von ihnen in ihrer Ohnmacht mit scheinbar starken Figuren wie Erdoğan, die ihnen nicht nur den Traum von Sieg und Macht vermitteln, sondern auch eine klare Identität mit scharfen Konturen und Grenzen, ohne Zweideutigkeit und Ambivalenz. Sie flüchten sich vor der Kränkung und Zurückweisung und vor den Ansprüchen der Eltern in die Vision von Kalifat und Großreich – und sind eine leichte Beute für radikale Prediger. Sie vermitteln ihnen, dass sie Teil einer Elite sind, die nicht nur die eigene Heimat, sondern die ganze Welt erlösen kann. Bei Rechtsradikalen ist es nicht viel anders.

Ich verstehe aber auch die Mehrheitsgesellschaft, die Menschen, die Erdoğan wählen und den türkischen Nationalismus in Deutschland promoten, als Nicht-Deutsche sehen, auch wenn sie hier geboren sind. Man kann auf Dauer nicht zwei entgegengesetzte Identitäten in sich tragen und von deren Vorteilen profitieren. Ich verstehe Menschen, die keine Lust haben, ständig mit der Nazikeule konfrontiert zu werden, wenn sie berechtigte Kritik an Minderheiten üben. Der reflexartig vorgebrachte Rassismusvorwurf hilft niemandem, am wenigsten den Migranten selbst. Und wenn allein schon die Frage, woher jemand kommt, als Rassismus gedeutet wird, kann ich verstehen, wenn viele Deutsche kein Interesse mehr haben, mit Menschen mit Migrationshintergrund zu kommunizieren. Für mich persönlich ist diese Frage Ausdruck von Interesse, nichts anderes als die Frage nach meinem Namen.

Auch Islamisten und Vertreter von nationalistischen Migranten-Verbänden wissen mittlerweile, wie sie aus dem Rassismus- und Islamophobievorwurf Kapital schlagen können. Sie pflegen selbst rassistisches und antisemitisches Gedankengut in ihren Vereinen, Moscheen und sogar im Schulunterricht und finanzieren ihre Vereine teils mit Mitteln aus dubiosen Quellen, sie machen Werbung für rückwärtsgewandte Ideologien und huldigen Erdoğan. Wenn man sich kritisch zu diesen Punkten äußert, wird man mit dem Vorwurf des Rassismus und der Islamophobie konfrontiert. Kritisiert wird der Rassismus der anderen, beim eigenen aber drückt man ein Auge zu.

Auf einem ähnlichen Auge blind sind so manche Vertreter der Linken, die mit ihrer Empörung nicht hinter dem Berg halten, wenn ein Anschlag auf Minderheiten von der rechten Seite kommt, die aber oft schweigen oder relativieren, wenn sich ein islamistischer Anschlag ereignet hat.

Wenn Antirassisten sich wie Rassisten verhalten

Rassismus spaltet und vergiftet jede Gesellschaft, weil er die Sünden dieser Gesellschaft und die Wunden seiner Geschichte offenlegt. Oft geht man unverantwortlich mit diesen Sünden und mit diesen Wunden um. Die einen fliehen in Schuld und Scham, die anderen fliehen in Leugnen und Verklärung der eigenen Vergangenheit. Der Rassismus unterteilt die Menschen in Rassen, Ethnien und Religionen und polarisiert die Gesellschaft, nicht nur ideologisch. Er sieht den Menschen nicht als Individuum, sondern als Vertreter einer Gruppe. Er überhöht die eigene Gruppe und verachtet die andere, er schürt Hass und legitimiert Gewalt gegen andere.

Antirassismus sollte eigentlich genau das Gegenteil davon tun, nämlich sich von diesem ideologischen Grabenkampf distanzieren und den Menschen als Individuum würdigen und ermächtigen, unabhängig davon, zu welcher Ethnie oder Religion er gehört. Doch oft bedienen sich Antirassisten leider der gleichen Mittel wie die Rassisten selbst. Sie polarisieren, indem sie die Gesellschaft in Gut und Böse einteilen. Sie überhöhen die eine Gruppe und verachten die andere, sie grenzen Andersdenkende aus und sind im Namen der Toleranz vor allem eines: intolerant. Denn sie verengen das Spektrum dessen, was gedacht, gesagt oder getan werden darf auf eine Weise, dass jede Abweichung davon mit der Moralkeule gegeißelt wird. Sie sind schließlich die Guten, sie geben den Diskurs vor, und merken in ihrem Eifer gar nicht, dass auch sie einen Mechanismus bedienen, der Rassismus zugrunde liegt: die Zuordnung von Individuen zu vermeintlich homogenen Gruppen.

Und so kann auch vermeintlich gut Gedachtes ins Gegenteil umschlagen. In Kanada und den USA setzten sich beispielsweise Aktivisten der queeren Community dafür ein, die Regenbogenfahne um die Farben Schwarz und Braun zu erweitern – als sichtbares Zeichen der Integration von People of Color. Ursprünglich steht die Fahne für Veränderung, Aufbruch, Frieden, Toleranz und Akzeptanz von Vielfalt. Sie besagt, wir interessieren uns nicht für deine Herkunft oder gar Hautfarbe, sondern für alle Menschen in ihrer Vielfalt. Indem man die schwarze und braune Farbe zur Regenbogenflagge hinzufügt, beschädigt man genau diese Idee.

So gesehen hat Antirassismus das Potenzial, die Gesellschaft auf ähnliche Weise zu spalten wie der Rassismus selbst. Weil es eben nicht um die Menschen geht, sondern um die Attribute, die man ihnen zuschreibt. Und um Ideologien, die man – als falsch oder richtig erkannt – wahlweise verurteilt oder als einzig richtigen Weg preist. Die Abweichung von diesem Weg führt einmal mehr zu Ab- und Ausgrenzung.

Damit Sie mich hier richtig verstehen: Wenn ich von Antirassisten spreche, meine ich natürlich nicht all jene Menschen, die Rassismus bekämpfen und sich für die Opfer einsetzen. Wenn ich von Linksliberalen spreche, meine ich gleichermaßen nicht all jene Menschen, die sich im politischen Spektrum als links oder liberal einordnen würden. Gemeint sind jene verbohrten Aktivisten, die maßgeblich aus ideologischen Gründen agieren, dem berechtigten Kampf gegen Rassismus damit aber einen Bärendienst erweisen. Gemeint sind auch Menschen, die sich weigern, mit AfD-Wählern zu reden, aber sich mit rechtsradikalen Migrantenverbänden verbünden und ihnen sogar Zugang zu staatlichen Fördergeldern ermöglichen. Diese Antirassisten glauben, Minderheiten zu schützen, indem sie Lesungen von Thilo Sarrazin, Vorlesungen von Bernd Lucke oder Jörg Baberowski sabotieren. Ein Kennzeichen einer freien demokratischen Gesellschaft ist es eigentlich, andere Meinungen zu tolerieren. Meinungsvielfalt heißt, sich mit anderen Auffassungen argumentativ auf der Sachebene auseinanderzusetzen. Denk- und Redeverbote sind hingegen eher Kennzeichen diktatorischer Systeme. Und sie im Namen der Toleranz und zum Schutz von Minderheiten zu erteilen, erstickt jede offene Diskussion im Keim. Ja, schlimmer noch, sie spielt letztlich nur den Extremisten in die Hände. Beim politischen Islam etwa, indem Kritiker mit dem Vorwurf der Islamophobie und Muslimfeindlichkeit überzogen werden. Und das in einer Absolutheit, die der Komplexität dieses Themas in keiner Weise angemessen ist. Man könnte auch sagen, hier geht Reflex vor Reflexion.

Wie schnell das gehen kann, habe ich selbst mehrfach erlebt. So hat die Asta der Universität Mainz der »Denkfabrik für Humanismus und Aufklärung« den Status einer Hochschulgruppe entzogen, weil sie mich 2018 zu einem Vortrag an der Uni eingeladen hatte. In der Begründung hieß es, ich sei islamophob und antisemitisch. Drei Jahre zuvor hatte mir die jüdische Gemeinde Düsseldorf die Josef-Neuberger-Medaille für meinen Kampf gegen Rassismus und Antisemitismus verliehen. Aber das wussten die Ideologen der Mainzer Asta offenbar nicht. Sie wussten nur, dass ich den Islam kritisiere und deshalb ein Rassist sein muss. Und sie bestraften die Hochschulgruppe für diese »Kontakt-schuld« in einer Art und Weise, wie das früher die Faschis-ten mit ihren ideologischen Gegnern taten und wie das heute mit der sogenannten Cancel Culture eine neue Blüte erlebt.

In jenem Jahr, in dem ich mit der Josef-Neuberger-Medaille ausgezeichnet wurde, haben mich Mitglieder der Antifa vor einer Lesung in München mit brennenden Ker-zen beworfen. Einer versuchte, mir ins Gesicht zu schlagen, und nannte mich »Faschist«, weil ich ein Buch geschrieben hatte, in dem ich den Propheten Mohammed kritisiere. Der junge Mann merkte nicht, dass er und seine Mitstreiter*innen sich einer Form der Einschüchterungstaktik bedienten, die auch die Faschisten und Nationalsozialisten genutzt hatten und die heute noch in vielen undemokratischen und dikta-torischen Systemen angewandt wird. Jemanden verbal oder sogar tätlich daran zu hindern, eine Meinung zu äußern, trägt nicht zur Lösung eines Problems bei. Und Kräfte, die glauben, sie allein könnten Kontexte definieren, agieren zu-tiefst undemokratisch.

Einige glühende Antirassismusaktivisten glauben auch, begangenes Unrecht rückwirkend wiedergutmachen zu kön-nen, indem sie Denkmäler vom Sockel stoßen – in Stein gemeißelte Abbilde von Menschen, die Schuld auf sich ge-laden haben, etwa während der Kolonialzeit. Der Sturm auf die Denkmäler in Europa und den USA soll ein Zeichen gegen Sklaverei und Rassismus sein. Es geht um falsche Geschichtsbilder, um einen Angriff auf eine Erinnerungs-kultur, die weiße Männer ehrt, die ein System stützten, das auf Ausbeutung und Unterdrückung beruhte.

Auslöser für die Denkmalstürmer waren die jüngsten Massenproteste gegen Polizeigewalt, Rassismus und strukturelle Diskriminierung der Afroamerikaner in den USA im Zuge des Todes von George Floyd. Über Großbritannien, Frankreich, Belgien und die Niederlande erreichte diese Welle auch Deutschland, wo zudem eine hitzige Debatte über Straßen, Restaurants oder Apotheken geführt wurde, die den Begriff »Mohren« in ihrem Namen enthalten.

Man kann Unrecht nicht wiedergutmachen, blutige Hände nicht reinwaschen, indem man Denkmäler stürzt. Man kann nur versuchen, das Bewusstsein im Hier und Jetzt zu verändern, indem man Geschichte einordnet und kontextualisiert. Nach heutigen Maßstäben würde wohl kaum einer dieser in Stein gehauenen oder in Bronze gegossenen »Helden« unseren moralischen Ansprüchen genügen. Aber die Gleichung, dass man diese Figuren nur aus dem öffentlichen Raum verschwinden lassen müsse, denkt eben diesen historischen Kontext der damaligen Lebenswirklichkeit nicht mit.

Geschichte lässt sich aber nicht als Abfolge von Einzelepisoden lesen, sie ist immer ein Prozess. Und gleichzeitig ist die Betrachtung der Vergangenheit immer geprägt von dem Wissen, den Werten und Standards der Gegenwart. Menschen, die heute Opfer von Rassismus und Ausgrenzung werden, hilft diese Form des Bildersturms nicht. Ihnen hilft nur, wenn wir unser Wissen, unsere Werte und Standards aktiv einsetzen, wenn ihnen Unrecht geschieht.

Mich persönlich haben diese Geschehnisse des Sommers 2020 an Vorfälle erinnert, die die Aktivisten sicher nicht im Hinterkopf gehabt haben dürften. Ich musste an jene militanten Islamisten denken, die 2001 die Buddha-Statuen im afghanischen Bamiyan in die Luft jagten, und 2015 den sumerischen Bēl-Tempel im Irak – mit der Begründung, sie seien nicht islamisch! Ich musste daran denken, dass Islamisten in Ägypten dazu aufriefen, die Pyramiden von Gizeh und alle anderen »Idole« aus der Zeit der Pharaonen zu zerstören, da diese Götzenbilder Symbole der Gotteslästerung seien, gegen die jeder Muslim vorgehen müsse.

Diese Form der islamistischen politischen Korrektheit hat nicht nur Kulturdenkmäler der Menschheitsgeschichte vernichtet, sondern auch einen erheblichen Beitrag zur Zerstörung der Debattenkultur in der islamischen Welt geleistet. Denn dort wurde eine Evolution des Denkens nicht zugelassen. Ein unliebsamer bzw. unislamischer Gedanke wurde im Keim erstickt, noch ehe er durch die Vernunft widerlegt werden konnte.

Etwas Ähnliches geschieht gerade im Westen: Ein Gedanke wird immer seltener nach seiner argumentativen Qualität, sondern vornehmlich nach moralischen Maßstäben beurteilt und oft genug disqualifiziert, bevor er nach den Maßstäben der Vernunft diskutiert und widerlegt werden kann. Um das Rassismusproblem zu lösen, müssen wir jedoch Konzepte jenseits von Schuld- und Opfer-Diskursen und Betroffenheits-Symbolik entwickeln. Rassismus bekämpft man nicht, indem man eine Identität gegen die andere ausspielt, sondern indem wir uns von starren Loyalitäten lösen und uns für eine weltoffene Kultur des Pluralismus öffnen, die sich natürlich entwickelt, nicht aber durch ideologisches Social Engineering einer Identitätspolitik, die nur zu noch mehr Spaltung führt.

Rassismus als Abwehrreaktion gegen Schuld

Denkmäler zu stürzen oder mit Farbbeuteln zu bewerfen, löscht vergangenes Unrecht nicht aus. Es wäre zielführender, sie einzuordnen, als Symbolfiguren einer Zeit, die heute anders zu bewerten ist als damals, als man jene Menschen als Helden feierte. Leisten kann das nur eine lebendige Erinnerungskultur, die nicht verkennt, dass Geschichte aufeinander aufbaut. Wie wir heute denken und handeln wird auch davon bestimmt, welche Lehren wir aus der Vergangenheit gezogen haben.

In meinem Buch »Aus Liebe zu Deutschland« habe ich ausführlich darüber geschrieben, was geschehen kann, wenn Schuld zum maßgeblichen identitätsstiftenden Element wird. Das kann dazu führen, dass alles Denken und Handeln auf Abgrenzung zu dieser Schuld gründet. Positive Effekte einer lebendigen Erinnerungskultur – das Übernehmen von Verantwortung und die Aufarbeitung eines Geschehens – drohen durch die Fixierung auf diese Schuld ins Gegenteil umzuschlagen: in Ablehnung und Selbsthass und dem Misstrauen gegen sich selbst und die in uns liegenden positiven Potenziale. Eine solche Abwehrreaktion kann auch die Wurzel sein für neuen Rassismus oder alten immer wieder neu befeuern.

In der Menschheitsgeschichte war es stets so, dass der Mächtige immer auch Furcht vor der Rache der Unterdrückten hatte und deshalb häufig nur noch härter gegen sie vorging. In Kriegen, in denen für Menschlichkeit kein Raum ist und Gewalt zum Exzess wird, schwang immer auch die Sorge mit, wie schwere Verbrechen im Falle einer Niederlage gewertet würden. Das war nicht nur, aber vor allem im Zweiten Weltkrieg festzustellen. Der SS-Unterscharführer Wilhelm Dörr, der einen Todesmarsch von KZ-Häftlingen begleitete, notierte in seinem Tagebuch: »Wenn das mit dem Krieg schiefgeht, dann gnade uns Gott.« Die Überlebenden waren und sind Mahnung für die Verbrechen der Nationalsozialisten. Auf andere Weise erinnerten auch die Millionen von Flüchtlingen aus den ehemaligen Ostgebieten im zerstörten Nachkriegsdeutschland an das, was geschehen war. Es gab keine Willkommenskultur, es wurde ausgegrenzt, auch, weil die Vertriebenen die eigene Schuld und Verantwortung für zwölf Jahre NS-Diktatur personifizierten.

Aus dem Zweiten Weltkrieg gibt es auch zahlreiche Berichte über systematische Vergewaltigungen und Verschleppungen von Frauen. Japanische Soldaten sollen bis zu 300 000 Frauen und Mädchen aus Korea, China, Indonesien und anderen besetzten Gebieten zur Zwangsprostitution gezwungen haben; nur etwa 30 Prozent von ihnen überlebten den Krieg. Besonders grausam sind Berichte, nach denen die Soldaten diese Frauen vergewaltigten und danach deren Gebärmutter mit einem Stock oder einem anderen Gegenstand zerstörten. Psychologen sehen darin eine unbewusste Angst der Täter, dass diese Frauen später Kinder in die Welt setzen würden, die sich an den Soldaten rächen könnten.

Während meiner Zeit in Japan 1999/2000 erlebte ich als Ausländer so gut wie keine Diskriminierung. Europäer, Menschen aus dem Nahen Osten und auch aus afrikanischen Ländern gelten in Japan eher als willkommene Exoten. Dagegen erfahren Koreaner und Chinesen, die teils schon in der vierten Generation im Land leben, systematische Diskriminierung seitens der Gesellschaft wie auch seitens der Institutionen. 2016 legte das japanische Justizministerium offen, dass es zwischen 2012 und 2015 weit über Tausend Kundgebungen im Land gegeben habe, in denen gebürtige Koreaner in Hassreden aufgefordert wurden, das Land zu verlassen, oder als Kakerlaken bezeichnet wurden, die man zertreten müsse. In der Studie gab ein Drittel der japanischen Bürger mit asiatischem Migrationshintergrund an, wegen ihrer ethnischen Zugehörigkeit diskriminiert zu werden. Dabei sind Chinesen und Koreaner den Japanern ethnisch näher als Europäer und Afrikaner.

Schon zwei Jahre zuvor hatte der Ausschuss für die Beseitigung der Rassendiskriminierung der Vereinten Nationen Japan aufgefordert, aktiver gegen Rassendiskriminierung vorzugehen. In den vergangenen Jahren sind aber immer wieder sogar Kabinettsmitglieder dadurch aufgefallen, dass sie zu Fremdenhass aufgestachelt und wiederholt mit populistischen Äußerungen Kriegsverbrechen geleugnet haben.

Und vielleicht liegt genau darin der Schlüssel zur Frage, warum Japan sich gerade mit Chinesen und Koreanern so schwertut. Es ist möglicherweise eine Frage von Schuld und Scham. Die japanischen Truppen haben während des Zweiten Weltkriegs zahlreiche Massaker in China, Korea und anderen besetzten Gebieten begangen. In diesen Ländern wurden die Rufe immer lauter, Japan möge sich endlich angemessen für seine Verbrechen während des Krieges entschuldigen und Reparationszahlungen an die Opfer und ihre Angehörigen leisten. Das bisher Erfolgte reiche nicht aus.

Während des Zweiten Weltkrieges wurden viele Kriegsverbrechen an Chinesen und Koreanern verübt. Viele Frauen
aus diesen beiden Ländern wurden von japanischen Soldaten vergewaltigt. Die bloße Anwesenheit von Migranten
aus China und Korea in Japan ist insofern eine permanente
Erinnerung an die eigene Scham, die eigene Schuld, über die
man nur ungern redet. Misstrauen und Rassismus können
hier auch als eine Art Abwehrreaktion verstanden werden.
Die Ressentiments reichten so weit, dass sich viele Chinesen
und Koreaner genötigt sahen, ihre Namen zu ändern, damit
sie japanischer klingen und als äußeres Zeichen ihrer Loya-
lität zu Japan. Geholfen hat das wenig. Zumal heute noch
weitere Gründe für die Ablehnung der Mehrheitsgesellschaft existieren: Die Tatsachen, dass China und Korea wirt-
schaftlich große Konkurrenten sind und dass China seine
Vormachtstellung nicht nur im asiatischen Raum massiv
ausbaut. Inzwischen sind selbst Touristen von Anfeindungen betroffen. So hingen in Läden des Kosmetikunterneh-
mens Pola Plakate mit der Aufschrift »Chinesen ist der Ein-
tritt verboten.«

Eine weitere Gruppe, die in Japan extrem benachteiligt
und buchstäblich am Rande der Gesellschaft lebt, ist die der
Burakumin (»Bewohner der Sondergemeinde«). Es sind
ethnische Japaner, die traditionell unterhalb des japanischen
Vier-Stände-Systems stehen, das bereits im 17. Jahrhundert
eingeführt wurde. Die Ausgrenzung geht darauf zurück,
dass die Burakumin Berufe ausübten, die aus shintoistischer
und buddhistischer Sicht als unrein galten. Dazu gehörten
das Schlachten und Häuten von Tieren und die Weiterverar-
beitung von Fleisch und Fellen, aber auch Leichenwäscher
und Totengräber gehörten zu den Burakumin. Weil die Be-

rufe vererbt wurden, verfestigte sich die Diskriminierung über Jahrhunderte. Die Burakumin lebten in Sonderbezirken, durften keinen Kontakt zu anderen Bürgern haben und ihre Kinder durften keine normalen Schulen besuchen. Zwar stellte ein Erlass 1871 die Burakumin offiziell mit anderen Bürgern gleich, doch faktisch blieb die Ausgrenzung in vielen Bereichen bestehen. Bis heute.

Ich wusste nichts über diese Gruppe, bis ich eine solche Sondergemeinde durch Zufall entdeckte, als ich eine Zeit lang in Kyoto lebte. Kyoto ist sehr einfach strukturiert: Es gibt zehn Straßen, die von 1 bis 10 durchnummeriert sind und weitere zehn Straßen, die diese kreuzen und so zu Stadtvierteln unterteilen. Ich war auf der Suche nach einem Tempel auf der anderen Seite des Flusses und gelangte in ein Viertel, das ich auf meinem Stadtplan nicht finden konnte. Als ich später eine japanische Studienkollegin dazu befragte, sagte sie zurückhaltend, es handele sich um einen »district zero«. Von ihr erfuhr ich, dass es in fast jeder japanischen Stadt einen solchen Distrikt gibt, der auf Stadtplänen nicht verzeichnet ist und in dem die ausgestoßene Kaste der Burakumin lebe. Am Rande der Stadt, ohne Adresse, ohne Infrastruktur, manche lebten in Zelten, andere in sehr einfachen Wohnungen. Die Freundin warnte mich davor, alleine durch solche Gegenden zu laufen, denn dort wohnten auch Kriminelle.

Doch davon ließ ich mich nicht abhalten. Und ich machte nie eine schlechte Erfahrung. Jedes Mal, wenn ich in Kyoto durch den »district zero« ging, wurde ich freundlich begrüßt, manchmal auch zum Tee eingeladen. Bei meinen japanischen Freunden stieß mein Interesse auf Verwunderung, hin und wieder auf Ablehnung. Immer wieder hörte ich, dass der Staat die Burakumin zu integrieren versuche, diese das aber gar nicht wollten.

Ich fragte mich, was diese Menschen überhaupt wollen durften. Um etwas wollen zu können, muss man erst einmal frei sein. Aber diese Freiheit war für die Burakumin ein Luxus, den sie nie gekannt haben. Natürlich gibt es inzwischen einige aus dieser Gruppe, die den Aufstieg in die japanische Gesellschaft geschafft haben. Manche sind sogar im Parlament vertreten. Diese Wortführer wirken aber selten als Vermittler zwischen den jahrhundertelang Ausgestoßenen und dem Rest der Gesellschaft. Große Teile der Gesellschaft machen die Burakumin selbst für ihre Misere verantwortlich, da sie wenig täten, um sich zu integrieren. Andere bestärken sie in ihrer Opferhaltung und schüren Hass und Misstrauen gegenüber dem Staat.

Dieses Phänomen kennen wir auch aus der Integrationsdebatte in Deutschland. Das Problem ist nie allein, dass die Mehrheitsgesellschaft eine Minderheit unterdrückt, sondern dass beide ständig aufeinander Druck ausüben. Der Druck auf die Minderheit ist aber oft doppelt so hoch. Sie wird von außen unter Druck gesetzt, sich zu öffnen, und von innen unter Druck gesetzt, durchzuhalten und die eigene Identität gegen Einflüsse von außen zu verteidigen. Oft verhalten sich Minderheiten gegenüber den eigenen Leuten diktatorischer als die Mehrheitsgesellschaft, die sie unterdrückt. Sie fordern zwar ein Ende dieser Unterdrückung, rauben dem Einzelnen aber in diesem Identitätsringen die persönliche Freiheit.

Wenn der Rassismusvorwurf zum Machtinstrument der (vermeintlich) Schwächeren wird

Rassismus wird oft als ein Machtinstrument der vermeintlich Stärkeren beschrieben, um andere zu unterdrücken. Häufig ist er aber eine Machtdemonstration derer, die ihre Ohnmacht und Angst verstecken, indem sie sich über andere erheben. So wie ein Rapper, der seine Größe daraus bezieht, dass er in seinen Texten andere herabsetzt.

Genau dieses Ego, das sich erst durch die Abgrenzung zu den anderen und in deren Erniedrigung selbst erkennen kann, scheint auch bei Minderheiten immer wieder auf. Bei Migranten beispielsweise haben sowohl der innermigrantische Rassismus als auch die Beschwerden über den Rassismus der Mehrheitsgesellschaft eine kompensatorische Funktion. Rassismus einer Minderheit gegen eine andere kann man als eine Umleitung der eigenen Diskriminierungserfahrungen auslegen, auf jene, die in der Hierarchiekette noch tiefer stehen. Die eigene Demütigung wird weitergegeben, indem man Schwächere erniedrigt und ausgrenzt.

Im März 2019 strahlte das ZDF im Rahmen der Reihe »Forum am Freitag« einen Beitrag über Rassismus unter Muslimen aus. Schwarze Muslime schilderten darin, wie häufig sie von hellhäutigen Muslimen diskriminiert würden. »Ihr seid dreckig und unzivilisiert. Wir haben euch mit dem Islam erst die Zivilisation gebracht«, so lauten einige dieser rassistischen Aussagen, die Muslime mit afrikanischen Wurzeln von ihren arabischen Glaubensbrüdern oft zu hören bekommen. Eine aus Mali stammende Muslima erzählte, dass hellhäutige Muslime davor warnen würden, schwarze Muslime zu heiraten, denn die hätten alle AIDS. Auch in den Moscheen gebe es strukturellen Rassismus, da schwarze Muslime keine Chance hätten, als Vorbeter oder als Führungsperson in den Gemeinden zu wirken. Und dies, obwohl die Menschenwürde im Islam nicht von der Hautfarbe, sondern von Glauben und Moral abhängt. Dennoch scheinen sich rassistische Stereotype über Schwarze in den Köpfen vieler Araber bis heute festgesetzt zu haben; ein Erbe auch der Vergangenheit, denn die Araber haben ihre eigene Geschichte mit dem Sklavenhandel. Bis heute verwendet man in der arabischen Welt das Schimpfwort »Abd«, Sklave, wenn man einen dunkelhäutigen Menschen abwerten will. Bis heute ist es eine Seltenheit, dass hellhäutige Muslime eine Ehe mit schwarzen Muslimen schließen.

Dennoch findet das Thema »innermuslimischer Rassismus« kaum Beachtung, weder in den muslimischen Gemeinden noch in den Medien, denn dort hängt man in weiten Teilen der irrigen Überzeugung an, Rassismus sei ein Privileg der Mächtigen. Außerdem haben wir es hier mit einer Hierarchisierung der Opfer zu tun. Sind schwarze Muslime Opfer von weißem Rassismus, werden sie schnell wortgewaltige Unterstützer für ihre Anliegen finden. Sind sie allerdings Opfer anderer (hellhäutiger) Muslime, per se ebenfalls eine unterdrückte Gruppe, dann ist dies kein wirklicher Rassismus.

Wenn wir von Rassismus innerhalb von Minderheiten sprechen, oder auch die Deutschlandfeindlichkeit mancher

Migranten thematisieren, soll das nicht dazu dienen, den Rassismus in der Mehrheitsgesellschaft zu relativieren oder eine Form des Rassismus gegen eine andere auszuspielen. Es soll vielmehr darum gehen, alle Facetten des Hasses zu beleuchten – und zu bekämpfen. Denn letzten Endes sollten für uns die Befindlichkeiten des Opfers der Maßstab sein, an dem wir einen Täter messen. Seine Schuld wird nicht dadurch geringer, dass er selbst einer Minderheit angehört. Aus Sicht des Opfers richten alle Täter die gleichen Schäden an, die sich auch nicht etwa dadurch relativieren lassen, dass diese Täter von Anderen ebenfalls (potenziell) diskriminiert werden.

Deshalb ist es nicht nur falsch, sondern auch gefährlich, den Rassismus als ein Privileg des weißen Mannes zu betrachten. Ebenso falsch ist es, die Definition von Rassismus dahingehend zu verändern, dass es sich dabei nicht länger um eine individuelle Erfahrung handelt, in der ein Mensch Opfer und ein anderer Mensch Täter ist, sondern einer ganzen Ethnie oder Gruppe die Rolle der Täter bzw. Opfer zugeschrieben wird. Solche pauschalen Zuweisungen sind die Ur-Wurzeln von Rassismus, denn sie kategorisieren und verstellen den Blick auf das Individuum.

Noch schlimmer ist es, wenn Opfer von Rassismus, die wegen ihrer Hautfarbe oder ihren kulturellen oder religiösen Wurzeln diskriminiert werden, gemeinsam mit einigen ihrer linksliberalen antirassistischen Verbündeten erklären, dass weiße Menschen bzw. die Mitglieder der Mehrheitsgesellschaft unqualifiziert seien, über Rassismus zu reden. Denn nur dessen Opfer wüssten, was dieser bedeute. Das heißt in letzter Konsequenz nichts anderes, als dass es keine Debatte geben soll. Dass nur eine Seite das Recht habe, ihre

Sicht der Dinge zu erklären, und alle anderen den Mund zu halten hätten, Betroffenheit und Reue zeigen dürften, aber keine Kritik äußern. Wer diese Liturgie nicht mitsingt, wer seine Sünden vor diesem Altar nicht beichtet, wird ausgeschlossen, steht automatisch auf der falschen Seite.

Viele Linksliberale neigen dazu, alle Probleme in Migrantenmilieus nur aus sozio-ökonomischer Sicht zu betrachten. Ob Terrorismus, Kriminalität oder Desintegration – die Gründe dafür liegen für sie in Armut, gesellschaftlicher Marginalisierung und fehlender Teilhabe. Wenn man kulturelle, religiöse und strukturelle Faktoren anspricht, die solche Probleme wenigstens begünstigen können, gilt das schon als Rassismus. Dabei ist es nicht von der Hand zu weisen, dass bestimmte Werte, Traditionen und religiöse Inhalte etwa des Islam mit den Prinzipien einer freien, demokratischen Gesellschaft nur schwer oder nicht vereinbar sind. Das anzusprechen ist in der ideologisch aufgeladenen Debatte im Westen jedoch zunehmend schwerer geworden.

Eine Erfahrung, die nicht nur Mitglieder der Mehrheitsgesellschaft machen. Mit meiner afroamerikanischen Freundin, die ich bereits in der Einleitung dieses Buches zitiert habe, sprach ich seinerzeit lange über den positiven Rassismus der gesenkten Erwartungshaltung, der genauso schädlich ist wie der harte Rassismus. Denn, so sagte meine Bekannte, er traue Minderheiten nicht zu, für sich selbst zu sprechen und für ihre Rechte einzutreten. Sie regte sich auch sehr darüber auf, dass selbstkritische Afroamerikaner, die Schuld nicht nur reflexartig dem weißen Mann zuwiesen, sowohl von der eigenen Community als auch von vielen Linksliberalen als »Onkel-Tom-Schwarze« oder »Haussklaven« verleumdet würden. »Ist das nicht auch Rassismus, wenn man von allen Schwarzen erwartet, die eigene Community immer zu verteidigen, egal ob im Recht oder im Unrecht?«

Diese Frage erinnerte mich an die deutsch-türkische Publizistin Kübra Gümüşay, die türkischstämmige Islamkritiker wie Necla Kelek in einer *TAZ*-Kolumne im Jahr 2013 als »Haustürken« bezeichnet hatte. Eine diskriminierende Bezeichnung, hinter der die Erwartung steckt, alle Muslime oder Menschen mit türkischen Wurzeln müssten sich mit dem Islam und der Türkei identifizieren, andernfalls gelten sie als Verräter. Gümüşay bezog sich mit diesem Begriff auf die afroamerikanischen »Haussklaven«: Ein schwarzer Haussklave identifiziere sich mit seinem weißen Herrn, er spreche wie er und denke wie er. Und beizeiten sei er gar erbarmungsloser und brutaler gegenüber seinesgleichen, den »Feldsklaven«.

Wer sich wie Necla Kelek vom türkischen Konformismus löst und Missstände in der türkischen Community kritisiert, gilt für Gümüşay als Haussklave. Als einer, der wie die (deutschen) Herren spricht und denkt und damit seine Identität verleugnet. Auch so kann man einen Diskurs abwürgen, noch ehe er begonnen hat.

Es war übrigens die gleiche Kübra Gümüşay, die ein Jahr später auf ihrer Facebook-Seite Lobeshymnen auf den türkischen Premierminister Erdoğan sang und ihn für alternativlos erklärte. Es war ebenfalls die gleiche Gümüşay, die Anfang 2020 ein Buch schrieb, mit dem sie die »Architektur der deutschen Sprache« verändern wolle – auf dass diese weniger rassistisch und diskriminierend klinge. Diese junge Frau, die Kritik am Islam oder an der Nicht-Betonung türki-

scher Wurzeln als Ausdruck von Sklaventum verstehen will
und die wie Erdoğan offenbar Integration mit Assimilation
verwechselt (Erdoğan hatte dies 2010 in einer Rede in Köln
als »Verbrechen gegen die Menschlichkeit« bezeichnet), will
uns also Respekt und Empathie beibringen, und empfiehlt
uns dafür auch die Lektüre eines Pan-Islamisten wie Necip
Fazil Kisakürek, um Vielfalt in der Schule zu garantieren.
Dafür wurde sie von grünen Politikern wie Robert Habeck
und Claudia Roth als Kulturvermittlerin gefeiert, die den
Deutschen den Spiegel vorhalte.

Gümüşays Buch will aufräumen mit Schubladen, die unsere Sprache und unser Denken behindern. Und zieht dabei
doch genau jene Schubladen auf, die es eigentlich nicht
länger geben sollte: ich meine Kategorien, deren Bezeich-
nungen mit »die« beginnen. »Die Deutschen« und »die anderen«. Deutsch sei eine Herrschaftssprache, mit der andere
ausgegrenzt und um ihre Talente gebracht würden. Sie wirft
den Deutschen Diskriminierung vor, nimmt aber selbst das
Kollektivmandat für sich in Anspruch, wenn sie von »wir
Fremde« spricht. Und genau damit steht sie in der Denk-
tradition des reaktionären Islam, der schon vor fast tausend
Jahren das Tor zur Erkenntnis zugeschlagen hat, indem er
der wissenschaftlichen Auseinandersetzung mit der Philosophie eine Absage erteilt hat.

Eine Kategorisierung in Stereotype wie »die Einen« und
»die Anderen« geht immer einher mit Schuldzuweisungen.
Solche pauschalen Schuldzuweisungen verhindern, dass
man sich mit den Werten, den Traditionen, den Vorurteilen
und Rassismen auseinandersetzt, die man selbst mitbringt.
Und sie verführen allzu leicht zu einer Opferhaltung und
der Tendenz, die Rassismuskarte auszuspielen, sobald aus

der Mehrheitsgesellschaft oder selbst aus den eigenen Reihen die Forderung laut wird, sich mit den eigenen Ressentiments auseinanderzusetzen. Rassismus ist keine Einbahnstraße, die nur von Weißen, von Christen, von Deutschen, kurz: »den Anderen« befahren wird. Probleme wie mangelnde Integration, Parallelgesellschaften, fehlende Gleichberechtigung von Mann und Frau im Islam, Ehrenmorde und dergleichen mehr lassen sich nicht wegdefinieren, indem man das Aussprechen der Fakten als rassistisch und islamophob abstempelt.

Der gleichen Logik wie Kübra Gümüşay folgte im Übrigen auch der Publizist Jakob Augstein, als eine Gruppe von Muslimen im Juni 2017 eine Demo in Köln veranstaltete, um sich vom Terror zu distanzieren. Eine der Mitinitiatorinnen war die Islamwissenschaftlerin Lamya Kaddor, die im Vorfeld gesagt hatte: »Wir Muslime müssen uns von den Tätern stärker abgrenzen und ihre gesellschaftliche Ächtung herbeiführen.« Die Taten von Manchester und London hätten das Fass zum Überlaufen gebracht, weshalb Muslime aufstehen und ausrufen müssten: »Es reicht uns.« Aus der Tatsache, dass statt der erwarteten 10 000 nur etwa rund 2000 Muslime diesem Aufruf folgten, schloss Augstein, dass es in Köln und Umgebung so viele »Onkel-Tom-Türken« offenbar nicht gebe. Das wertete er als gutes Zeichen.

Hinter dem Begriff »Onkel-Tom-Türken« steckt ein zutiefst rassistischer Blick auf Minderheiten. Laut Augstein würden diese nur selbstkritisch sein und sich vom Terror ihrer Glaubensbrüder lossagen, um ihren weißen (in diesem Fall deutschen) Meister zufriedenzustellen. Dass die Muslime, die bei dieser Demo mitliefen, aus eigener Überzeugung handelten, dass sie den Islamisten klarmachen wollten, dass sie nicht im Namen aller Muslime reden oder handeln dürfen, passt offenbar nicht in Augsteins Weltbild. »Früher hieß es: Ali, mach das Klo sauber. Heute heißt es: Ali, ab auf die Anti-Terror-Demo. Und wenn nicht, dann sind wir sehr enttäuscht«, schreibt er in seinem Artikel. Solche Demonstrationen würden »Muslime stigmatisieren« und den »internationalen Terrorismus auf sie verengen«. Das Gegenteil ist der Fall. Vermutlich hatte Augstein in seiner *Spiegel*-Kolumne vom 19. Juni 2017 die friedlichen Muslime in Schutz nehmen und sie vom Druck befreien wollen, sich von Terrorakten zu distanzieren, die sie nicht begangen haben. Am Ende aber erreichte er das Gegenteil, indem er den kritischen Muslimen bevormundend und beleidigend unterstellte, nur Erfüllungsgehilfen der Erwartungshaltung des weißen Mannes zu sein. Auch das ist eine Form von Rassismus.

Gibt es mehr Rassismus oder »nur« mehr Beschwerden darüber?

Als ich vor 25 Jahren nach Deutschland kam, gab es nur drei prominente »Ausländer« im deutschen Fernsehen: Vicky Leandros, Rudi Carrell und Roberto Blanco. Gelegentlich gab es kleinere Rolle in Seifen-Opern und Serien für Menschen mit Migrationshintergrund – als Hausmeister, Gastwirt oder Putzfrau. Heute arbeiten sie in allen beruflichen Bereichen dieser Gesellschaft; sie sind sichtbar, als Schauspieler, Moderatoren, Chefärzte, Bankangestellte, Politiker und Professoren. Sie haben sich Räume erobert, die ihren Eltern verschlossen waren.

Das ist zum einen Folge einer natürlichen Entwicklung, denn natürlich standen den Kindern der ersten Migranten im neuen »Gastland« andere Bildungsmöglichkeiten offen als ihren Eltern im Herkunftsland. Die erste Generation von Migranten stammte vielfach aus strukturschwachen, armen Regionen, die Arbeitsmöglichkeiten im fernen Deutschland versprachen ein besseres Leben, auch für die Kinder. Zum anderen wurde Deutschland mit der Zeit viel offener und ebnete so weitere Wege in die Gesellschaft hinein.

Ihre Eltern und Großeltern waren in Deutschland immer wieder mit Ausgrenzung und Diskriminierung konfrontiert, doch so, wie die Mehrheitsgesellschaft das kaum thematisierte, schwiegen auch sie. Sie arrangierten sich, auch in dem Wissen, hier nur auf Zeit zu leben. Ihre Kinder und Enkelkinder sind in der Gesellschaft viel sichtbarer, viel erfolgreicher und viel artikulierter. Sie wollen hier nicht nur für eine gewisse Zeit arbeiten und Geld verdienen, sie sind hier geboren und aufgewachsen und sie wollen mitreden. Im Sinne von Hannah Arendt will derjenige, der den öffentlichen Raum betritt, dazugehören.

Erfolg und Teilhabe steigert nicht nur die Sichtbarkeit von Menschen mit Migrationshintergrund in der Gesellschaft; sondern führt in Teilen dieser Gesellschaft zu Ablehnung. Und zwar in jenen Teilen, die einer bestimmten hierarchischen Struktur der Vergangenheit anhängen: Als die ersten Gastarbeiter ins Land kamen, war klar, dass diese ganz unten standen. Sie hatten keine Ansprüche zu stellen, nichts zu sagen und schon gar nichts zu entscheiden. Sie hatten dankbar zu sein, mehr nicht.

Vielen Rassisten und »Ausländerfeinden« ist die heutige erfolgreiche Generation ein noch größerer Dorn im Auge, als es die erste war. Konnte man früher noch sagen: »Die Ausländer machen wenigstens die Drecksarbeit«, heißt es heute: »Die nehmen uns die Jobs weg.« Rassismus wird zum Ausdruck eines Verteilungskampfes um knappe Ressourcen. Und je größer die soziale Schere in einem Land aufgeht, umso erbitterter wird dieser Kampf geführt werden. Weil es immer einfacher ist, die Verantwortung von sich weg auf eine andere, vermeintlich homogene Gruppe zu schieben.

Sichtbarkeit und Teilhabe im Sinne einer erfolgreichen Integration sind jedoch nicht immer damit verbunden, sich einem Land gegenüber auch verantwortlich zu fühlen. Und nicht jedes Ungleichgewicht in einer Gesellschaft hat mit Rassismus zu tun. Manche Nachkommen der »Gastarbeiter« gebärden sich, als seien ihre Eltern und Großeltern als Zwangsarbeiter hierhergeholt worden. Dabei war es die soziale und ökonomische Not, die sie dazu veranlasst hat, ihre Heimat zu verlassen. Die Journalistin Canan Topçu, auf die ich später noch einmal zurückkommen werde, stellt im Zuge der aktuellen Debatte fest, es sei gerade bei vielen jungen, akademisch gebildeten und erfolgreichen Menschen mit Migrationshintergrund verpönt, sich mit Deutschland zu identifizieren und hier gut aufgehoben zu fühlen. Sie hätten es satt, dass die Mehrheitsgesellschaft von ihnen eine Art Bringschuld erwarten würde.

Dem möchte ich entgegenhalten, dass eine Gesellschaft von all ihren Mitgliedern eine Beteiligung an ihrem Funktionieren erwarten darf – ungeachtet der Herkunft! Gleichwohl gibt es bei vielen die Tendenz, in solchen Forderungen eine Form von Rassismus zu wittern. Für manche scheint die immer offener werdende deutsche Gesellschaft sogar immer rassistischer zu werden; oder liegt das nur an einem Phänomen, das der US-amerikanische Schauspieler Will Smith 2016 mit den Worten beschrieb: »Racism is not getting worse. It's getting filmed.« Nach Smith erlebt die Gesellschaft in den USA also nicht mehr Rassismus oder Polizeigewalt, diese werde schlicht besser dokumentiert – etwa von Handykameras.

Machen Kinder von Migranten heute also tatsächlich mehr Rassismuserfahrungen als ihre Eltern? Oder projizieren sie deren Erfahrungen auf die heutige Gesellschaft und deuten jede Ablehnung oder Ausgrenzung gleich als Rassismus? Viele dieser jungen Menschen stehen in der Schuld ihrer Eltern, die viel gelitten haben, um ihren Kindern eine bessere Bildung zu ermöglichen. Gleichzeitig haben sie

deren Misstrauen gegenüber der Mehrheitsgesellschaft übernommen, auch wenn sie selbst vielleicht ganz andere Erfahrungen gemacht haben. Mit dieser »doppelt beschlagenen«
Brille des Misstrauens erkennt man Rassismus manchmal
da, wo es gar keinen gibt. Weshalb sich die Frage stellt, ob
wir heute wirklich mehr Rassismus als früher haben – oder
die heutige Generation nur bessere Möglichkeiten hat, sich
über Rassismus zu beschweren. Möglichkeiten im Sinne
eines geschärften Bewusstseins für Diskriminierung, im
Sinne einer sprachlichen Befähigung und im Sinne einer
Infrastruktur aus Gesetzen und Behörden, auf die man sich
berufen und an die man sich wenden kann.

Dazu ein Beispiel: Im Jahr 2018 war ich von einer Gruppe
arabischer Einwanderer in Montreal, Kanada, zu einem Vortrag eingeladen. Darin ging es um die verkrampfte Beziehung vieler Muslime zur Aufklärung. Ich kritisierte den Islamismus als ein Hindernis auf unserem Weg in die Moderne.
Da stand plötzlich eine marokkanischstämmige Studentin
auf und sagte aufgebracht, White Supremacists und ihr
kolonialistisches Gedankengut seien die wirkliche Gefahr,
nicht der Islamismus, der doch nur eine Antwort auf den
Kolonialismus der Weißen sei. Dann erzählte sie die Geschichte ihres Großvaters, der als Minenarbeiter in Frankreich in den 1950er-Jahren viel Leid erfahren habe und nicht
über eine ausreichende Gesundheitsversorgung verfügt
habe, weshalb er relativ jung verstorben sei. Eine Folge von
Ausbeutung und Ausgrenzung gleichermaßen. »Hören Sie
auf, so über den Islam zu reden, sonst sind Sie genauso islamophob wie die White Supremacists!«, hielt sie mir unter
Tränen vor.

Ich musste eine Weile innehalten, um diese junge Dame

zu verstehen. Ich sah die schweren unsichtbaren Koffer, die sie trug, und ich sah meine. In meiner Antwort äußerte ich Verständnis für die Leidensgeschichte ihres Großvaters und auch dafür, dass sein Schicksal ihre Gedankenwelt prägt. Ich musste ihr aber auch erklären, dass das Leiden ihres Großvaters mit White Supremacy wenig zu tun hatte. Und dass meine Kritik am Islamismus nicht bedeutete, dass ich automatisch auf der Seite der Rassisten stehe. Denn Islamisten sind nichts anderes als »Muslim Supremacists«, die ihr ganz eigenes koloniales Projekt verfolgen. Ohne den frühen muslimischen Kolonialismus in Nordafrika wäre sie nicht als marokkanische Muslima und ich nicht als ägyptischer Muslim geboren. Und ohne den gegenwärtigen Islamismus und die fehlende Abgrenzung vieler friedlicher Muslime und Verbände davon wäre ein Zusammenleben der Religionen deutlich leichter.

Es gibt viele Weiße, die den Rassismus der White Supremacists kritisieren, aber leider zu wenig Muslime und zu wenig Antirassisten, die den Rassismus der Islamisten kritisieren. Diese junge Dame war für mich beispielhaft für viele junge gebildete Leute mit Migrationshintergrund im Westen. Sie haben eine wunderbare Chance, sich vom Identitätskonflikt ihrer Eltern zu lösen und als freie Menschen zu leben. Doch sie schleppen deren Koffer freiwillig oder unbewusst mit sich herum und identifizieren sich mit einem Konflikt, der nicht immer auf eigenen Erfahrungen beruht. Und werden so, oft ohne es zu merken, Soldaten im Kampf der Kulturen. Diese Dauerklagende sind durchaus mit Patienten vergleichbar, die an Münchhausen-Syndrom leiden und physische bzw. psychische Schmerzen vortäuschen, um Mitleid und Aufmerksamkeit zu erregen. Der Opferstatus ist für sie ein Privileg und eine Machtposition, die sie nicht aufgeben wollen. Sie wittern Rassismus ständig da wo es keinen gibt und schaden damit den wahren Opfern von Rassismus, die diese Aufmerksamkeit mehr verdient hätten.

Der Vorwurf des Rassismus darf nicht davon ablenken, dass wir alle erst vor unserer eigenen Haustüre kehren müssen. Rassismus kennt keine Farben, keine Ethnien, kein Geschlecht. Wer nur Rassismus gegen sich selbst sieht und nicht bereit ist, eigene Diskriminierungsmuster zu hinterfragen, wird die Probleme nur weiter verfestigen. Wer wie ich den politischen Islamismus und seine Strukturen kritisiert, ist noch lange kein Islamhasser. Wer aber jede Kritik als islamophob abstempelt, wird nur zu einer weiteren Radikalisierung der Diskurskultur beitragen. Gleiches gilt für jene, die übersehen, dass zu einem guten Zusammenleben nicht nur gleiche Chancen gehören, sondern auch gleiche Pflichten. Bei beidem gibt es sicher noch Luft nach oben.

Vielfalt, Respekt und Empathie können nicht diktiert werden

Viele überzeugte Antirassisten glauben, Respekt und Toleranz wirkten wie ein Impfstoff gegen Hass und Rassismus. Doch mit Respekt und Toleranz verhält es sich ähnlich wie mit der Liebe: Sie kann nicht per Knopfdruck ausgelöst werden, sie muss wachsen. Sie entsteht durch Erfahrung, durch Begegnung und Kommunikation, durch eine faire Auseinandersetzung mit dem Gegenüber und mit sich selbst. Zu einer solchen fairen Auseinandersetzung gehört auch das Aushalten von Kritik und Streit.

Das Wort Respekt leitet sich vom lateinischen *respectio* ab und bedeutet »Rückschau« oder wörtlich »noch mal sehen«. Das bedeutet, niemanden aufgrund einer Momentaufnahme zu verurteilen. Es bedeutet auch, in sich selbst zu schauen und das, was man am anderen kritisiert, auch in sich selbst zu erkennen. Es bedeutet, dass jeder zuerst vor der eigenen Haustür kehren sollte, bevor man mit dem Finger auf andere zeigt. Erst wenn wir unsere eigenen Grenzen, Schwächen und Defizite verstehen, können wir auch anderen mit Empathie begegnen.

Empathie ist allerdings nicht mit Mitleid zu verwechseln, denn Mitleid ist asymmetrisch. Der Mitleidende sieht sich selbst als überlegen und reduziert das Objekt seines Mitleids auf dessen Schwächen. Empathie bedeutet, sein Gegenüber als Ganzes zu sehen, es nicht nur auf Fehler und Unzulänglichkeiten zu reduzieren, nicht nur das Trennende zu suchen, sondern auch das Verbindende. Das gilt für Freundschaften und Partnerschaften ebenso, wie für das Zusammenleben von Menschen mit unterschiedlichen ethnischen oder kulturellen Wurzeln.

Im Westen machte man jedoch den Fehler, Multikulturalismus als Doktrin von oben einzuführen. Fremde Kulturen wurden als Bereicherung zelebriert, die Räume, in denen man berechtigte Kritik an bestimmten Aspekten dieser Kulturen äußern konnte, wurden zunehmend verengt. Doch ein Miteinander der Kulturen muss sich natürlich entwickeln und kann nicht von oben verordnet werden. Wie eine Ehe muss es auf Gegenseitigkeit und Ebenbürtigkeit aufgebaut werden. Und wie in einer Ehe muss manches ausgehandelt werden. Wenn ein Ehepartner auf ehrliche Kritik verzichtet, um die Gefühle des anderen nicht zu verletzen, stauen sich mit der Zeit viel Unmut und Wut auf, die sich irgendwann explosionsartig entladen werden und den Partner so noch mehr verletzen.

Multikulturalismus als Doktrin, flankiert von einem Antirassismus, der die Welt in Gut und Böse einteilt, hat nicht zu einem versöhnlichen Miteinander geführt, sondern einen Kulturkampf befeuert. Besonders drastisch lässt sich dieses Ergebnis in den USA erkennen. Unter Donald Trump prallte der verordnete Multikulturalismus auf die »Make America Great Again«-Doktrin, die vor allem bei jenen auf offene Ohren stieß, die von der unterlegenen Präsidentschaftskandidatin Hillary Clinton noch als »deplorables« bezeichnet worden waren, als »Bedauernswerte«. Hier die aufgeklärten, gebildeten Verfechter einer offenen, multikulturellen Gesellschaft, dort die dumpfen Abgehängten, verkörpert vom »alten weißen Mann«, der fürchtet, seine Identität in eben dieser offenen Gesellschaft zu verlieren. Für die einen ist schon die bloße Frage nach der Herkunft Ausdruck von Rassismus, für die anderen waren Donald Trumps Auslassungen über Mexikaner als Kriminelle und Vergewaltiger und über afrikanische Länder als »shithole countries« nur eine akkurate Beschreibung der Tatsachen. Während die einen gegen Rassismus und Polizeigewalt auf die Straße gingen, sorgten sich die anderen um den Verlust ihrer Privilegien, die sie selbst als »Abgehängte« noch haben in einem Land, in dem struktureller Rassismus zum Alltag gehört. In den vergangen vier Jahren unter Trump haben radikale Gruppen wie die »Proud Boys« massiven Zulauf erhalten. Einer von ihnen, Alex Furman, sagte während eines Interviews am 27. Oktober 2020 mit dem Korrespondenten des ARD-Studios Washington: »Das Problem an der Demokratie ist, dass Immigranten hereinkommen. Es besteht die Gefahr, dass sie illegal Bürger werden und diese alten linken Ansichten aus Mexiko mitbringen. Dann dürften sie auch noch wählen und verändern Amerika.«

In den Vereinigten Staaten gab es lange weder eine gemeinsame Vergangenheit noch eine gemeinsame Herkunft der Zuwanderer, weshalb ein verbindender Gründungsmythos fehlte. Diese Leerstelle füllte erst das Modell des Melting Pot, später das der multikulturellen Gesellschaft. Aber Einheit aus und in der Vielfalt lässt sich nicht von oben verordnen. Vielfalt wurde nicht als ein natürlicher Prozess zugelassen, sondern gesteuert durch eine teils ideologische Identitätspolitik und in jüngerer Zeit auch durch ein enges Sprachkorsett, das jede Abweichung von der political correctness mit Rassismus gleichsetzte. Diese Form der Identitätspolitik schaukelte sich hoch zu einem erbitterten Kulturkampf, der das Land tief spaltete.

Donald Trump wurde auch gewählt als Reaktion auf eine Identitätspolitik, die die Unterschiede zwischen den Ethnien zelebrierte, anstatt das Gemeinsame, das Verbindende zu suchen. Trumps provokative und beleidigende Sprache wirkte wie Balsam auf die Seele derer, die sich durch die Multikulturalismus-Doktrin und die Political Correctness gegängelt fühlten.

Die Haltung verändert die Sprache, nicht umgekehrt

Natürlich wird über Sprache immer auch eine Weltsicht ausgedrückt. Daher lässt sie sich auch instrumentalisieren, um eine Weltsicht zu fördern oder zu unterdrücken. Wenn Sprachnormen von oben vorgegeben werden, sollte daher immer überprüft werden, ob damit nicht auch eine politische Haltung vorgegeben werden soll, die den Diskursraum verengt. Es ist richtig, dass Sprache das Denken bestimmt und umgekehrt. Aber die Tatsache allein, dass man heute von People of Color spricht und von Latinx (Menschen mit lateinamerikanischer Abstammung), hat deren Diskriminierung nicht beendet. Eine substanzielle Änderung der Verhältnisse wird sich nur erreichen lassen, wenn sie von einem breiten gesellschaftlichen Konsens getragen wird. Das gilt nicht nur für die USA, sondern auch für Deutschland.

Nach dem Terroranschlag des 11. September 2001 hatte man hierzulande Angst, dass dieses Ereignis Misstrauen und Hass gegen Muslime steigern würde. Seitdem haben zahlreiche weitere islamistische Anschläge die Welt erschüttert. Vielfach haben Vertreter muslimischer Verbände sich von den Taten distanziert und sie als »unislamisch« verurteilt. Im gleichen Atemzug versuchte man, den Islam in Interviews und anderen Verlautbarungen als eine Religion des Friedens darzustellen. Berechtigte Islamkritik wurde seitdem immer wieder als Islamhass, Islamophobie und kultureller Rassismus abgestempelt. Reaktionäre Islamverbände, die früher keine Rolle in den Medien und in der Politik spielten, wurden politisch und gesellschaftlich aufgewertet und durften neue Aufgaben beim Schulunterricht und bei der Integration von Migranten übernehmen. Auch an Präventionsprogrammen bzw. solchen zur Deradikalisierung von Islamisten waren und sind diese Vereine beteiligt.

Begriffe wie »Respekt«, »Toleranz«, »Miteinander statt gegeneinander« waren in aller Munde. Begriffe wie »Ausländer« wandelten sich zu »Menschen mit Migrationshintergrund« und später zu »Menschen mit internationaler Geschichte«. Selbst der Begriff »Islamismus« fiel immer seltener, man redete lieber von religiös motivierten Gewalttaten, als hätten auch andere Religionen ein Problem mit dem Terrorismus. Auch Begriffe wie »illegale Einwanderer« verschwanden langsam aus dem Sprachgebrauch, es waren fortan »undokumentierte Einwanderer«. Aus »Asylanten« wurden »Flüchtlinge«, später »Geflüchtete«.

Wurde durch solche sprachlichen Kurskorrekturen das Misstrauen gegenüber Muslimen bzw. Flüchtlingen in der Gesellschaft weniger? Haben wir deshalb weniger Islamismus und Terrorismus? Gibt es mehr Toleranz, ein besseres Miteinander, weniger Diskriminierung?

Ich bin der Auffassung, dass diese Maßnahmen wirkungslos bis kontraproduktiv waren. Das Sprachkorsett und die Tabuisierung der Islamkritik kamen nicht den normalen friedlichen Muslimen zugute, sondern den Islamisten, die nun als Partner des Staates in Sachen Integration und Bekämpfung von Radikalisierung fungieren. Und die sofort die Rassismus- und Islamophobiekeule zücken, wann immer man ihre fundamentalistische oder nationalistische Haltung kritisiert. Sie nutzen das Schuldbewusstsein in Politik und

Gesellschaft, die sehr wohl um die Defizite in Sachen Integration weiß, um in diesem Windschatten ihre intoleranten Ideologien hier zu verbreiten. Die Konsequenz: mehr Islamismus, mehr Desintegration, mehr Erdoğan-Kult, und dementsprechend aufseiten der Mehrheitsgesellschaft mehr Misstrauen und Hass gegen Muslime, die man doch ursprünglich genau davor hatte schützen wollen.

Selbstverständlich will ich in einer Gesellschaft leben, in der man auf seine Sprache achtet und andere nicht beleidigt. Ich will nicht, dass man Menschen »Neger«, »Zigeuner«, »Schmarotzer« oder »Kartoffeln« nennt, und ich denke, darüber lässt sich schnell ein Konsens erreichen. Doch der chirurgisch anmutende Versuch, alle (vermeintlich) »problematischen« Begriffe zu entfernen, wird das Verhalten einer Gesellschaft allein nicht ändern. Man kann die Art, wie man denkt und lebt, durch Sprachregelungen, die diktiert werden, nicht verändern. Die Haltung verändert die Sprache, nicht umgekehrt.

Sprache entwickelt sich, sie ist ein Spiegel ihrer Zeit, sie fußt auf Wissen und Kultur. Die Bibelübersetzung von Martin Luther hat die deutsche Sprache für Generationen geprägt, weil sie den Gläubigen Zugang zu einem Bereich gewährt hat, der ihnen lange verschlossen war. Und er hat bei seiner Übersetzung dem Volk aufs Maul geschaut. Heute kann eine neue Bibelübersetzung die deutsche Sprache kaum mehr beeinflussen, weil andere Faktoren eine größere Rolle spielen. Migration, Jugendkultur und die sozialen Netzwerke prägen die moderne deutsche Sprache mehr als manche Werke der modernen Literatur.

Die Aufklärung hat eine Sprache der Toleranz hervorgebracht, nicht umgekehrt. Sie hat aber auch die Religionskritik hervorgebracht und damit eine harte Sprache gegen Dogmen, Patriarchat und Bevormundung. Voltaire hat viel über Toleranz geschrieben, doch das hinderte ihn nicht daran, Judentum, Christentum und den Islam scharf zu kritisieren.

Goethe schließlich hat mit vielen Wortschöpfungen und Redewendungen die deutsche Sprache bereichert. Viele seiner Worte und Begriffe prägen unseren Alltag noch heute, andere sind längst in Vergessenheit geraten. Keiner nennt eine Banane heute »Pisang«. Dagegen hat sich der Schwäbische Gruß, den Goethe in seinem »Götz von Berlichingen« verewigt hat, bis heute gehalten.

Luther, die Vertreter der Aufklärung oder Goethe haben uns ihre Sprache nicht aufgezwungen. Manches setzte sich durch im Prozess der Sprachevolution, anderes verschwand. Wörter sind wie Gedanken. Sie kämpfen im Ring mit anderen Wörtern und anderen Gedanken. Die besseren setzen sich am Ende durch. Und mit den »besseren« meine ich nicht unbedingt die höflichsten. Sprachliche Konstrukte, die als Schutzmauern vor Rassismen dienen sollen, werden nicht lange währen und ihren Zweck nicht erfüllen, wenn das Handeln nicht Schritt hält.

Die Bundesrepublik entschied sich nach dem Zweiten Weltkrieg für die Demokratie und brauchte keine Mauer um sich herum, weil die Bevölkerung die Vorzüge dieser Staatsform erkannte und das System mittrug. Die DDR brauchte dagegen eine Mauer, weil die Idee des Sozialismus nicht von allen umarmt wurde, die Menschen scharenweise davonliefen.

Überzogene politische Korrektheit kann da neue Mauern errichten, wo sie eigentlich welche einreißen wollte. Sie kann dazu führen, dass auch das Denken mit Tabus belegt wird, was die Ränder stärkt und die Mitte zum Schweigen bringt, aus Angst vor Beifall von der falschen Seite. Sie kann dazu führen, dass wichtige Debatten nicht mehr geführt werden können, weil sie von Ideologen von rechts wie von links längst gekapert wurden. Im Fall der Islamkritik beispielsweise haben die Rechten den Raum besetzt, den die Mitte freigemacht hat, um sich als Verteidiger der Freiheit zu inszenieren, die sie definitiv nicht sind.

Und in den USA? Dort hat die strenge politisch korrekte Sprache und die Tabuisierung von Kritik an Minderheiten in den Medien und an Universitäten den Rassismus nicht beseitigen können. Im Gegenteil. Heute ist das Verwenden einer hässlichen und abwertenden Sprache im Umgang mit Minderheiten verbindendes Kennzeichen vieler Trump-Anhänger, die sich durch Wortwahl *und* Verhalten »ihres« Präsidenten nur bestätigt fühlen konnten.

Die Rassismus-Industrie: Wer davon profitiert, dass wir ein Rassismusproblem haben

Verfolgt man die aktuelle Debatte, kann man sich manchmal des Eindrucks nicht erwehren, dass uns das Thema auch deshalb noch lange begleiten wird, weil es vielen ganz unterschiedlichen Gruppen eine Art Existenzberechtigung sichert.

Rechte Gruppierungen brauchen Minderheiten, insbesondere Migranten, als Projektionsfläche für ihre Wut- und Hass-Politik. Viele Antirassisten positionieren sich in Abgrenzung zu ihren ideologischen Gegenspielern im rechten Lager, die sie manchmal mit härteren Bandagen bekämpfen als den Rassismus selbst. Sie verwalten ihn eher und versuchen, sich als Schutzmacht der Opfer zu profilieren. Das ist aller Ehren wert, trägt aber, wie wir gesehen haben, häufig nicht dazu bei, die Opfer zu ermächtigen. Ähnliches gilt für viele Migrantenverbände, die durch Klagen über Rassismus und Islamophobie hoffen, noch mehr Fördergelder vom Staat zu erhalten, und die oft sogar die Interessen ausländischer Regierungen oder extremistischer Organisationen mit der Rassismuskeule durchboxen. Damit haben sie das Misstrauen gegen Migranten, insbesondere muslimische, nicht beseitigen können. Vielfach kann man den Eindruck gewinnen, sie hätten nicht wirklich ein Interesse daran, die Lage zwischen muslimischen Communitys und der Mehrheitsgesellschaft zu verbessern, sondern aus dem Status quo Kapital zu schlagen. Und auch jene, die als Beispiele für gelungene Integration gelten, Kinder von Migranten, die es »geschafft« haben, die sich etabliert haben, werden nur selten zur Stimme jener, die in dieser Debatte keine Stimme haben.

Die Journalistin Canan Topçu bemerkte zurecht in einem Gastbeitrag in der *Süddeutschen Zeitung* vom 1. Oktober 2020 mit dem Titel »Nicht mein Antirassismus«, dass die Rassismusdebatte auf eine Weise von einer Elite dominiert und instrumentalisiert wird, die einen konstruktiven Diskurs unmöglich macht. Wut, Anklagen und pauschale Verurteilungen, so Topçu, würden dazu führen, dass auch berechtigte Kritik mit der Zeit auf Ablehnung stoße. Der allgemeine Rassismusvorwurf brandmarke nicht nur »aktive Rassisten oder unbekümmerte Unsensible, sondern stößt auch alle jene vor den Kopf, die guten Willens sind«. Damit gängele man auch jene Menschen, die eigentlich Verbündete im Kampf gegen Rassismus sein müssten. »So scharf wie sie derzeit geführt wird, wird die Rassismusdebatte nicht dazu beitragen, Ungerechtigkeiten zu verringern. Im Gegenteil: Sie verhärtet die Fronten, wie ich im Privaten und im Beruflichen feststelle. Das unbefangene Miteinander wird schwieriger; aus Sorge, als Rassist angeprangert zu werden, wissen viele nicht mehr, wie sie sich verhalten sollen, welche Themen sie ansprechen dürfen und was sie besser nicht fragen sollten«, schreibt Topçu.

Topçu kritisiert, dass die Richtung und Tonalität der Rassismuskritik von einer jungen akademisch gebildeten Generation bestimmt werde, die einerseits darauf poche, nicht auf ihre Herkunft reduziert, sondern als »von hier« wahrge-

nommen zu werden, die andererseits aber selbst Identitätspolitik betreibe. Und zwar nicht nur durch die Selbst-
beschreibung als »People of Color«, sondern auch durch das
Zelebrieren von Elementen aus der Herkunftskultur. »Politisch problematisch ist die moralische Überlegenheit, die
aus der Betroffenheit abgeleitet wird, ohne selbst auf Ressentiments zu verzichten oder Ausgrenzung zu betreiben«,
schreibt sie. Menschen müssten lernen, aus verschiedenen
Perspektiven zu denken. Wissen und Empathie könnten
nicht entstehen, wenn man einem großen Teil der Gesellschaft den Mund verbietet. Genau das geschehe, wenn man
aus der eigenen Diskriminierungserfahrung das Recht ab-
leite, der Mehrheitsgesellschaft Sprechverbote zu erteilen.

Auslöser für Topçus Beitrag war das Buch »Eure Heimat
ist unser Albtraum«, herausgegeben von Fatma Aydemir
und Hengameh Yaghoobifarah, in dem 14 Autorinnen und
Autoren über ihre Beziehung zu Deutschland schreiben.
Den Anstoß für dieses Buch hatte Innenminister Horst Seehofer geliefert, der 2018 mit seinen Aussagen über Migration
als »Mutter aller Probleme«, den Islam und den Begriff Heimat für Irritation gesorgt hatte. Das Problem dieses Debat-
tenbuches ist, dass es eine Debatte von vornherein unmöglich macht, denn es operiert mit den alten Kategorien von
»wir« und »die Anderen«. Die Frontstellung Minderheit/
Mehrheit geht an den tatsächlichen Problemen vorbei, denn
weder die Mehrheitsgesellschaft noch die Minderheiten
sind in sich politisch, sozial oder kulturell homogen. Damit
manövriert man sich in jene identitätspolitische Sackgasse,
die man doch gerne den Rechten vorwirft.

Nicht auf die eigene Herkunft reduziert werden zu wollen und gleichzeitig diese Karte bei jeder Gelegenheit auszu-

spielen überwindet Rassismus nicht, sondern kultiviert ihn. Wie sehr dieser Reflex immer noch vorhanden ist, habe ich erst vor Kurzem wieder festgestellt: Ende März 2020 lag ich wegen des Verdachts einer Corona-Infektion auf der Isolierstation eines Krankenhauses in Berlin. Meine Ärzte stammten aus Italien, Polen und Deutschland, die Krankenpfleger aus Afrika, Afghanistan und der Türkei. Meine ägyptische Herkunft hat keine Rolle bei meiner Behandlung gespielt. Ich wurde medizinisch und menschlich bestens betreut. Und nein, ich bin nicht privat versichert und das war keine Sonderbehandlung. Als ich eines Abends in meinem Bett lag und im Netz surfte, las ich, wie die Journalistin Ferda Ataman auf Twitter schrieb: »Ich habe irgendwie eine Ahnung, welche Bevölkerungsgruppen in Krankenhäusern zuerst behandelt werden, wenn die Beatmungsgeräte knapp werden.« Damit bezog sich Ataman auf eine Aussage des Duisburger Politikwissenschaftlers Ismail Küpeli, der zuvor auf seinem Kanal geschrieben hatte: »Ich habe irgendwie eine Ahnung, welche Bevölkerungsgruppen bei dieser faktischen Ausgangssperre sehr häufig kontrolliert und immer wieder Stress bekommen werden.«

Die Unverschämtheit dieser Unterstellungen hat mich erzürnt. Hätte uns nicht die Unübersichtlichkeit der Lage und die Angst vor dem neuartigen Virus zu einer Schicksalsgemeinschaft zusammenschweißen können? Nein, keineswegs. Das Virus, das sicher keine Unterscheidung zwischen Ethnien vornimmt, wurde instrumentalisiert und als weiteres spaltendes Element der Gesellschaft identifiziert. Ich war verärgert auch deshalb, weil ich das Gefühl hatte, dass dahinter keine wirkliche Sorge um Erkrankte mit Migrationshintergrund steckte, sondern dass hier eine Aktivistin in ihrem Streben nach Selbstinszenierung nicht davor zurückschreckte, eine mögliche Triage mit der Herkunft des Patienten, nicht mit medizinischen Gegebenheiten zu verbinden. Auch hier wäre der Vergleich mit Patienten des Münchhausen-Syndroms angebracht.

Die gleiche Journalistin, die regelmäßig zum Integrationsgipfel der Kanzlerin eingeladen wird, hatte kurz zuvor Innenminister Horst Seehofer in die Nähe des NS-Regimes gerückt und für eine *taz*-Beilage der Amadeu-Antonio-Stiftung geschrieben: »Politiker, die derzeit über Heimat reden, suchen in der Regel eine Antwort auf die grassierende ›Fremdenangst‹. Doch das ist brandgefährlich. Denn in diesem Kontext kann Heimat nur bedeuten, dass es um Blut und Boden geht.« Seehofer fühlte sich so brüskiert, dass der folgende Integrationsgipfel erstmalig ohne den Innenminister stattfand.

Haltlose Unterstellungen wie diese, oder auch weitere Bücher mit Titeln wie: »Warum ich nicht länger mit Weißen über Hautfarbe spreche« führen nur zu weiterer Ausgrenzung, sie lösen keine bestehenden Probleme, sondern schaffen neue. Weil man die Adressaten nicht nur zu einer homogenen rassistischen Masse erklärt, sondern sie von vornherein vom Diskurs ausschließt. Wer so verfährt, muss sich den Vorwurf gefallen lassen, die Gräben nicht nur nicht überbrücken, sondern sogar noch vertiefen zu wollen. Anklagen wie die oben zitierten sind kalkulierte Provokationen jener Kräfte, die ihr Wirken durch Desintegration und Rassismus legitimiert sehen, und durch deren Überwindung um ihre Existenzberechtigung fürchten müssen. Und da schließt sich der Kreis zu jenen radikalen Ideologen von rechts, die ebenfalls die Welt in Gut und Böse einteilen. Ein solcher Kulturkampf aber wird nie zu einer Versöhnung führen. Sollten wir tatsächlich an einer Lösung und einer Überwindung von Rassismus und Diskriminierung interessiert sein, dann brauchen wir einen »safe space«, einen Vermittlungsraum, in dem Menschen aus unterschiedlichen Gruppen als Individuen und nicht als Vertreter eines wie auch immer gearteten Blockes unverkrampft miteinander reden können.

TEIL II

Wege aus der Rassismusfalle

Jede Stufe des Rassismus braucht andere Gegenmaßnahmen

Es gibt mehrere Stufen des Rassismus. Die erste Stufe ist die mentale Ebene, die mit falschen Vorstellungen und Vorurteilen zu tun hat. Hier werden einer bestimmten Gruppe, Ethnie oder Hautfarbe gewisse Attribute oder Eigenschaften zugeschrieben, die für jeden innerhalb dieser Gruppe gelten. Dazu zählen etwa Behauptungen wie: »Muslime sind Terroristen«, »Juden sind geldgierig«, »Deutsche sind Nazis« oder »Sinti und Roma sind Diebe«.

In einem zweiten Schritt wird ein solches Vorurteil emotional aufgeladen. Menschen, die anders aussehen oder einen anderen Glauben haben, werden mit weiteren Zuschreibungen verunglimpft, die Hass oder Ekel hervorrufen. Wie die Nazis Juden als »Ungeziefer« bezeichneten, um ihre Vernichtung zu »rechtfertigen«, werden Schwarze von Rassisten als »Stinktiere«, Muslime als »Kamelficker« bezeichnet. Islamisten wiederum nennen die aus ihrer Sicht Ungläubigen »unrein« oder »schlimmer als die Tiere«. Je stärker die Gefühlsebene angesprochen wird, umso stärker ist der Impuls der Ablehnung, der sich schließlich auf der Handlungsebene niederschlägt. Die gefährlichste Stufe ist erreicht, wenn eine Gruppe glaubt, die Ausrottung oder Vertreibung der »Fremdlinge« sei unvermeidlich, um die eigene Identität zu retten. Hass- und Ekelgefühle gegenüber dem Fremden steigern sich dermaßen, dass man das eigene Überleben nur durch deren Vernichtung sichergestellt sieht. Die Geschichte lehrt uns, was geschehen kann, wenn eine Gesellschaft diese Schwelle überschritten hat.

Wie aber lassen sich diese Muster durchbrechen?

Wie lässt sich unserer archaisches Ich davon überzeugen, nicht länger zu vereinfachen, indem es kategorisiert und abgrenzt?

Wenn Vorurteile und Hass zu einer konkreten politischen, juristischen oder gesellschaftlichen Benachteiligung einer Gruppe führen, wenn Menschen wegen ihrer Hautfarbe, Ethnie oder Religion vor Gericht anders behandelt werden oder vom Arbeits- und Wohnungsmarkt ausgeschlossen werden, muss das Gesetz ran! Wir haben mittlerweile gute Gesetze gegen Diskriminierung, doch die Wurzeln von Rassismus lassen sich dadurch allein nicht ausrotten.

Ein erster Schritt, um diese Wurzeln freizulegen, ist die Aufklärung, das Aufzeigen von Vielfalt innerhalb einer Gruppe. »Wir« sind ebenso wenig homogen wie »die Anderen«, wir sind alle Individuen und wollen als solche wahrgenommen werden, versagen dieses Recht aber anderen. Diese Sensibilisierung setzt voraus, dass wir unser Denken und Handeln permanent überprüfen. Wie gesagt, Rassisten sind eben nicht immer nur die anderen.

Ebenso kommt diese Sensibilisierung nicht ohne die Einsicht aus, dass Respekt in einer Gesellschaft in erster Linie auf Empathie gründet. Empathie ist das wirksamste Mittel gegen Hass. Dafür müssen wir in der Lage sein, das Denken, Fühlen und Handeln unseres Gegenübers zu verstehen und mitzuempfinden. Wir müssen Begegnungen suchen, das Verbindende hervorheben, nicht das Trennende. Nur so kann ein neues »Wir-Gefühl« entstehen, das nicht entlang ethnischer, religiöser oder kultureller Grenzen verläuft.

Dafür brauchen wir auch eine Debatte, die neben diesen Grenzen nicht weitere errichtet, indem sie den Diskurs ideologisch verengt oder Teilen der Gesellschaft ein Mitspracherecht verweigert.

Wir brauchen eine offene Debatte über Rassismus, kein Tribunal

Diese offene Debatte beginnt mit einer ideologiefreien Definition des Begriffs Rassismus. Einer Definition, die nicht dazu dienen soll, eine Identität gegen eine andere auszuspielen, und auch nicht dazu, eine bestimmte Seite (vor-) zu verurteilen. Sie soll uns dabei helfen, die Opfer von Rassismus leichter zu erreichen und ihnen zu helfen.

Dabei hilft es zu verstehen, dass man Rassismus, der als anthropologische Konstante in uns allen verwurzelt ist, nicht durch Schuldgefühle vertreiben kann. Genau dieses »blame and shame game« muss aufhören. Solange übliche Ablehnungshaltungen oder Fragen nach der Herkunft als Rassismus eingestuft werden, gelangen wir zu keiner klaren Definition von Rassismus und werden ihn überall suchen und finden. Das steigert zwar das Empörungspotenzial, verfestigt aber auch eine Opferhaltung und vergrößert außerdem das Feld der Rassisten. Das Problem lösen lässt sich dadurch nicht.

Es hilft auch niemandem, wenn wir Rassismus losgelöst von allen anderen Problemen des Zusammenlebens behandeln. Er hat viel mit Identitätskonflikten und Entfremdungsgefühlen, aber auch mit sozialer Ungerechtigkeit zu tun. Aber in erster Linie ist bei Rassismus eine Geisteshaltung entscheidend, die andere entmenschlicht. Wir brauchen deshalb eine offene Debatte über alle Formen des Rassismus – über rechten und linken, schwarzen und weißen, islamistischen wie auch jenen, der aufgrund von Verteilungskämpfen und Abstiegsangst aus der Mitte der Gesellschaft entspringt. Scham, Schuld, Machtdemonstration und emotionale Blockaden machen eine solche Debatte unmöglich. Und solange bestimmte Kreise die Auffassung vertreten, weiße Menschen sollten per se nicht über Rassismus reden, das stünde nur den Opfern zu, kann es ohnehin keine offene Debatte über das Thema geben.

Wir brauchen emotionale Berichte der Betroffenen, sollten aber wachsam sein, wenn diese instrumentalisiert werden. Wir dürfen ihre Gefühle nicht außer Acht lassen, sollten diese aber nicht über sachliche Argumente stellen, geschweige denn zulassen, dass sie ideologisch aufgeladen und politisch von rechts oder links dafür genutzt werden, die eigenen Anliegen durchzudrücken.

Um die Debatte wieder auf die Sachebene zu bringen, müssen wir sie von Ideologien und Gefühlen lösen und mehr Raum sowohl für Argumente als auch für Lösungsansätze schaffen. Gefühle werden wir zwar nicht ganz aus der Debatte vertreiben können, denn das Thema ist nun einmal emotional, und die Opfer können verständlicherweise nicht über ihre Erlebnisse reden, ohne emotional zu werden. Doch das Problem beginnt, wenn ihre berechtigten Gefühle von anderen instrumentalisiert werden.

Es ist fatal, wenn im Namen der Toleranz neue Intoleranzen entstehen, etwa gegenüber anderen Meinungen. Es ist fatal, wenn bestimmte Gruppen darüber entscheiden, wer zu den Guten und wer zu den Bösen gehört. Es ist fatal, wenn schon die kleinste Abweichung von diesem moralischen Kompass als Rassismus gebrandmarkt wird. Und es ist fatal für einen offenen Diskurs, wenn Minderheiten für sich eine Form des Schutzes reklamieren, der jene biologistischen Züge trägt, die sie als Grund ihrer Ausgrenzung erkannt haben.

Solche Denk- und Sprechverbote, die ausgerechnet von jenen erteilt werden, die sich doch eigentlich für eine offene und freie Gesellschaft stark machen, für Vielfalt und »Multikulti«, lehnen genau diese Vielfalt ab, wenn es um abweichende Meinungen geht. Und damit behindern sie auf ähnliche Weise eine offene Gesellschaft, wie das überzeugte Rassisten tun. Eine Ungleichbehandlung lässt sich nicht durch Theorien aus der Welt schaffen, die den eigenen Dogmen angepasst werden. Das bessere Argument und die bessere Lebensweise setzen sich nicht durch, indem man das Gegenargument verbietet oder verteufelt, sondern indem man es vernünftig widerlegt und als schädlich entlarvt.

Was uns spaltet und was uns eint

Die biblische Geschichte vom Turmbau zu Babel hat mich immer fasziniert. Als die Menschen die gleiche Sprache sprachen, waren sie imstande, ihr Wissen und ihre Erfahrungen auszutauschen und konnten einen Turm bauen, der beinahe den Himmel erreichte. Als sie plötzlich in unterschiedlichen Sprachen redeten, wurden sie verwirrt, konnten einander nicht mehr verstehen, es kam zu Zerwürfnissen und Konflikten. Ihr ambitioniertes Projekt wurde nicht vollendet, sie wurden in alle Welt zerstreut, Kriege brachten Elend und Zerstörung, Gewalt war die neue Weltsprache.

Der Blick in die Geschichte zeigt, dass Gewalt sich vor allem dann einhegen lässt, wenn man gemeinsame Interessen verfolgt. Um diese Interessen herausfinden zu können, muss man sich begegnen und kommunizieren. Man muss, wie im biblischen Babel, eine gemeinsame Sprache finden, um Verträge, Handels- und Friedensabkommen mit anderen, vielleicht sogar mit einstigen Gegnern schließen zu können.

Auf den Rassismus als weltumspannendes Phänomen übertragen bedeutet das, dass wir auch hier eine gemeinsame Sprache brauchen – nicht im lexikalischen Sinne, sondern im Sinne von gemeinsamen Werten und Prinzipien des Zusammenlebens. Ich meine damit auch nicht eine politisch korrekte Sprache, sondern eine pragmatische Sprache des Wissens, der Vernunft, der Menschlichkeit, die sich über die Dialekte der Identitäten und Loyalitäten erhebt. Eine Sprache, die uns ermöglicht, von den Potenzialen und Erfahrungen der anderen zu profitieren, anstatt diese als Bedrohung der eigenen Identität zu fürchten. Eine Sprache, die die anderen achten und dennoch kritisieren kann. Eine selbstkritische, aber keine selbstgeißelnde Sprache. Eine, mit der sich hervorheben lässt, was uns eint, nicht was uns spaltet.

Die Polarisierung, die sich derzeit in vielen Gesellschaften der Welt abzeichnet, wird in den kommenden Jahren extremer werden. Das, was sich in den Banlieues Frankreichs und in vielen Städten der USA ereignet – dass sich die über Jahrzehnte verfestigte Spaltung in Gewalt entlädt – kommt langsam auch nach Deutschland. Deshalb müssen wir genau hinsehen, was uns spaltet, um es zu bekämpfen, und das, was uns zusammenbringt, zu befördern:

Identitätspolitik spaltet uns. Schuld spaltet uns. Eine verkrampfte Streitkultur und Maulkörbe spalten uns. Die Bewaffnung der Gefühle spaltet uns. Die Kriminalisierung der Religionskritik und das Verharmlosen des islamistischen Rassismus spaltet uns. Sprachpolizei und Moralismus spalten uns. Das Abstempeln von Ostdeutschland als Hort des Rassismus spaltet uns. Muslime pauschal als Terroristen zu verdächtigen, spaltet uns. Migranten als Masse zu betrachten, nicht als einzelne Individuen, spaltet uns. Aussagen wie »Der Islam gehört zu Deutschland« spalten uns, ebenso wie Parallelgesellschaften. Das Leugnen, dass wir ein Rassismusproblem haben, spaltet uns. Die Aussage, dass alle Weißen, alle Deutschen Rassisten sind, spaltet uns. Die Liste ließe sich fortsetzen.

Ob Desintegration, Rassismus oder Islamismus, dahinter steckt ein gemeinsames Phänomen: Deutsche und Migranten, die sich zunehmend von dieser Gesellschaft entfremden und Schwierigkeiten damit haben, sich zu ihren Werten zu bekennen. Menschen, die vergangenheitsbezogene Identitäten und Legenden attraktiver finden als die freiheitlich-demokratische Grundordnung. Man kann sicherlich nicht alle Ideologen bekehren, aber man kann seine Werte erstens klar definieren, und zweitens diese gemeinsame Sprache auch aktiv gegen ihre Feinde verteidigen. Leider verteidigen Rassisten und Islamisten ihre Positionen vehementer, stehen fester zu ihren Werten, mehr als wir zu unseren. Und hier liegt das Hauptproblem. Rassismus ist nie nur ein Problem von Randgruppen, sondern eines der Gesamtgesellschaft. Denn es legt offen, wie eine Gesellschaft auf sich selbst, auf die eigenen Werte und die Freiheit blickt! Auch deshalb ist das Thema Rassismus ein Charaktertest für unser Land und alles, wofür es steht!

Die Öffnung der deutschen Identität für Minderheiten setzt eine klare Definition dieser Identität voraus

Doch wie können sich Migranten zu gemeinsamen Werten bekennen, wenn selbst die Mitte der Gesellschaft sich von diesen Werten abwendet? Wie können Migranten sich mit einem Land identifizieren, das kein positives Narrativ über sich anbietet und sich nicht öffnet für ein neues »Wir«? Wobei Letzteres voraussetzt, dass auch Menschen mit Migrationshintergrund an diesem Wir interessiert sind, und nicht in Abgrenzung verharren.

Migranten, die in ihrer Identität unsicher sind, verstecken sich oft hinter der Maske von moralischer Überlegenheit, verstärken die Sichtbarkeit ihrer religiösen oder ethnischen Symbole und erheben Ansprüche im Namen ihrer Identität, wollen aber gleichzeitig nicht auf diese reduziert werden oder sie infrage stellen. Das provoziert die Rechten, die ebenfalls in ihrer Identität verunsichert sind und ihre Unsicherheit hinter Allmachtsfantasien und Hassrhetorik verstecken. Was wiederum die Kollektividentität von Migranten verstärkt und sie in ihren Strukturen verharren lässt. Einmal mehr dienen die eigene Religion und die eigene ethnische Herkunft als eine Art Rückversicherung gegen Ablehnung und Ausgrenzung. Ein Teufelskreis, der sich nur schwer durchbrechen lässt.

Deutschland braucht jenseits der Identitätsneurose und der Fixierung auf vergangene Schuld eine selbstbewusste Identität, die zuversichtlich in die Zukunft blickt, anstatt die Wunden der Vergangenheit zu lecken. Die Öffnung der deutschen Identität für Migranten setzt ebenfalls die Öffnung der Minderheiten für die deutsche Identität voraus. Eine auf Schuld basierende Identität ist weder für autochthone Deutsche noch für Migranten attraktiv. Deutschland braucht deshalb ein positives Nationalbewusstsein, ohne in Nationalismus zu verfallen. Ein Bewusstsein, das viel Raum für Individualismus lässt, das offen ist für andere Sichtweisen und Erfahrungen, ohne diese kritiklos sämtlich zu umarmen. Schuld, Identitätsunsicherheit und Minderwertigkeitsgefühle sind Einfallstore für Rassismus, der diese Mängel wiederum durch Überheblichkeit und Hass auszugleichen versucht. Rassisten und Opfer von Rassismus teilen oft ein Dilemma: Sie wurden zum Misstrauen gegen sich selbst und andere erzogen, sie sind oft gefangen in einer geschlossenen Identität, die ihren Individualismus erdrückt.

Individualismus als Ausweg

In uns Menschen gibt es zwei konkurrierende Tendenzen: Herdentrieb und der Wunsch, sich jenseits der Herde selbst zu erkennen. Mal sucht der Mensch nach der Wärme der Masse, um sich selbst zu vergewissern und seine Ängste zu verstecken, und mal ist er neugierig auf ein Leben ohne Bevormundung durch diese Masse. Problematisch wird es, wenn diese widerstreitenden Kräfte zu einem Quell der Angst und der Konflikte werden.

Rassismus ist häufig das Schlachtfeld, auf dem Identitäts- und Loyalitätskonflikte ausgetragen werden. Er lebt von der Aufteilung der Menschen in Gruppen: hier das Eigene, dort das Andere. Wobei wir unsere eigene Gruppe sehr differenziert wahrnehmen, die andere sehr homogen. Das macht es uns leichter, dieser Gruppe bestimmte Merkmale zuzuschreiben, über die wir uns von ihr abgrenzen können. Solche Kategorisierungen halten Rassismus am Leben!

Gruppenidentitäten sind eine wichtige Brutstätte. Denn starre Identitäten, ob in der Mehrheitsgesellschaft oder innerhalb einer Gruppe von Minderheiten, laden zum Identitätskampf und somit zu Rassismus ein. Solche Gruppenidentitäten lassen sich nicht nur anhand ethnischer, religiöser oder kultureller Grenzen ziehen. In kleinerem Maßstab kann man ihre Wirkung im Fußballstadion erkennen, in der Armee oder in der Polizei; bei Gruppen also, gerne männlich dominiert, die durch einen bestimmten Kult oder Ehrenkodex verbunden sind. Im Stadion etwa wird der Erfolg der eigenen Mannschaft nicht nur auf sport-

licher Ebene gewürdigt, sondern ist oft mit (nicht nur verbaler) Gewalt oder Erniedrigung des Gegners verbunden.
Hooligans treiben solche archaischen Gefühlsausbrüche
und Gewaltfantasien auf die Spitze, wenn sie sich im Vorfeld
oder Nachgang eines Spieles zum offenen Kampf treffen.

Auch die Überidentifikation mit einer Selbst- oder
Fremdzuschreibung – der Hautfarbe, der Religion, Sexualität oder ethnischen Herkunft – kann Ausdruck der Angst
sein vor der Auflösung des Eigenen. Die Betonung dieses
Eigenen blockiert das Befreiungspotenzial des Individuums.
Es hält es fest in einer Gruppe, über deren Merkmale es sich
selbst definiert oder von anderen definiert wird. Ein kleiner
Nebeneffekt, der eine Karriere in der Integrations- und Rassismusindustrie eröffnet: Man tritt als klagendes Mitglied
einer kollektiven Identität auf und identifiziert sich lebenslang mit deren Anklagen, die irgendwann zur selbsterfüllenden Prophezeiung werden.

Die Lösung kann deshalb nur im Individualismus liegen.
Das heißt nicht, dass man seine ethnische, kulturelle oder
religiöse Identität aufgeben müsste. Wohl aber, dass man
sich darauf nicht reduziert und auch nicht reduzieren lässt.
Dafür muss man sich selbst aber erst in all seiner Vielfalt
kennenlernen und die Möglichkeit haben, seine Persönlichkeit frei zu entfalten, ohne von einer Kollektiv-Identität vereinnahmt zu werden.

Wenn man ein Selbst-Bewusstsein im Wortsinn hat, ist
man in der Lage, sich von Gruppenidentitäten zu lösen, sie
kritisch und mit der nötigen Distanz zu beleuchten. Man hat
eine Existenzberechtigung aus sich heraus, und nicht durch
Abgrenzung zu anderen. So kann man seine Identität elastisch und empathisch halten, damit sie eine Quelle der

Orientierung und Zuversicht wird, nicht eine der Konfrontation mit anderen Identitäten. Wenn man sich von den
schweren Koffern befreit, die nicht immer die eigenen sind,
wenn starre Identitäten schon durch die Erziehung bekämpft
werden, kann man unbeschwerter auf andere Menschen zu-
gehen, sie besser verstehen und ihnen mit Empathie und
Respekt begegnen. Ein so verstandener Individualismus ist
die Tür zu einer empathischen Gesellschaft, die Vielfalt
schätzt, aber nicht durch eine Identitätspolitik von oben vor-
schreibt.

Die empathische Gesellschaft – eine Utopie?

Der Weg zu dieser empathischen Gesellschaft beginnt mit der Erziehung, in den Familien und Schulen.

Schüler lernen viel über frühere Kulturen, deren Konflikte und Kriege, ohne einen Bezug zu aktuellen Konflikten herstellen zu können. Sie hören von den Kreuzzügen, dem Kolonialismus, der Sklaverei oder dem seit Langem schwelenden Nahostkonflikt aus einer theoretischen, akademischen Perspektive. Hilfreich wäre es, wenn diese Themen multiperspektivisch betrachtet würden. Damit meine ich nicht eine Gegenüberstellung von Büchern aus dem Orient und Okzident oder von weißen und schwarzen Autoren im Unterricht. Das würde den Blick zwar weiten, ihn aber dennoch auf der theoretischen Ebene belassen. Anders wäre es, wenn man den Schülern in Form eines Rollenspiels die Möglichkeit gäbe, aktiv verschiedene Perspektiven einzunehmen.

Als Dozent am Lehrstuhl für Geschichte an der Uni München habe ich meine Klasse oft in zwei Gruppen aufgeteilt und einer Gruppe beispielsweise den Auftrag gegeben, die Sicht der Europäer bei den Kreuzzügen zu vertreten; die andere Gruppe sollte die Perspektive der Muslime einnehmen. Ich achtete darauf, dass muslimische Studenten dafür zuständig waren, die Sicht der Europäer zu vertreten und umgekehrt.

Ähnlich könnte man in Schulen auch mit dem Thema Rassismus umgehen. Wenn Schüler ohne Migrationshintergrund sozusagen die Seite wechseln und umgekehrt, können dabei interessante Ergebnisse herauskommen. Man muss versuchen, sich in die Lage des Anderen zu versetzen, dessen Gefühle und die Motive seines Handelns zu verstehen. Das heißt nicht, dass man diese auch gutheißen müsste. Aber es hilft, sich erstens von eigenen Denkmustern zu lösen und zweitens, auch mit den eigenen Gefühlen besser umgehen zu können. Und genau das fehlt: Kinder pauken in der Schule Fakten, sie hören von Rassismus vielleicht in Form einer Geschichtsstunde zu Martin Luther King, aber der Bogen zu ihrer Lebenswirklichkeit wird zu selten geschlagen. Sie lernen nicht, wie sie mit ihren Gefühlen umgehen können, wenn sie infrage gestellt, kritisiert oder rassistisch angegriffen werden. Wie sie mit Angst, Wut und Diskriminierungserfahrungen umgehen sollen. Und auch demjenigen, der für Mobbing und Diskriminierung auf dem Schulhof verantwortlich ist, wird der Spiegel nicht vorgehalten. Wird er erwischt, bekommt er eine Rüge, vielleicht eine Strafe, aber er muss sich nicht damit auseinandersetzen, was sein Tun emotional bei seinem Opfer auslöst.

Der Versuch, dies nachzuempfinden, ist ein wichtiger Schritt für Empathie, ohne die in einer Gesellschaft Offenheit und Toleranz als Werte nur hohle Phrasen bleiben.

Rassismus lebt von Menschen, die rassistisch denken, rassistisch handeln und sich rassistisch äußern. Und von Menschen, die wegschauen, die schweigen. Zivilcourage kann man weder durch Lichterketten noch durch Ächtung der Rassisten in den sozialen Netzwerken üben. Man muss die Gedanken der Rassisten vernünftig und verantwortlich dekonstruieren, um sie zu entkräften. Auch dafür ist die multiperspektivische Betrachtung unerlässlich.

Zivilcourage bedeutet, Menschen beizustehen, die in den öffentlichen Verkehrsmitteln, bei Behörden oder am Arbeitsplatz rassistisch angegriffen werden, und den Tätern zu zeigen, dass ihr Verhalten inakzeptabel ist. Wegschauen ermächtigt die Täter und lässt die Opfer im Stich. Wir müssen begreifen, dass der rassistische Angriff kein individueller Akt ist, bei dem »nur« das Opfer geschädigt wird. Er ist ein Angriff auf das Gemeinwesen und auf die Werte dieser Gesellschaft. Wer wegschaut, fällt nicht nur den Opfern in den Rücken, sondern der gesamten Gesellschaft.

Wir müssen die Opfer ermächtigen, ihnen den Zugang zu rechtlichen und zivilgesellschaftlichen Mitteln erleichtern, damit sie ihre Rechte einfordern können. Wir ermächtigen sie nicht, indem wir zulassen, dass sich im Namen der Toleranz neue Rassismen bilden. Es darf nicht sein, dass – während wir jeglichen Generalverdacht gegen Migranten ablehnen –, sich Vorurteile gegen die Polizei oder den »weißen Mann« entwickeln. Amerika hat ein großes Rassismusproblem, gar keine Frage, und nicht erst seit heute. Aber von den »rassistischen Staaten von Amerika« zu sprechen, wie der *Spiegel* es im Juni 2020 tat, halte ich für eine Entgleisung, die nur neuen Hass schürt. Oder fänden wir es in Ordnung, wenn die *Washington Post* nach dem NSU-Skandal mit »Die Nazi-Republik Deutschland« getitelt hätte? So ermächtigt man die Opfer nicht, sondern konfrontiert sie nur mit unnötigen Anfeindungen seitens derer, die ihrerseits gerade pauschal abgestempelt wurden.

Rassisten würgen das Land, das sie vermeintlich retten wollen, manche Antirassisten halten die Betroffenen in ihrem Opferstatus fest, wie in einem Zoo. Sie befreien sie nicht von Rassismus, sondern tragen dazu bei, dass Minderheiten in ihren geschlossenen Identitäten verharren. In beiden Fällen bestimmt die Fremdzuschreibung, wer sie sind. Ermächtigung bedeutet auch eine Befreiung von solchen Fremdzuschreibungen, die den Betroffenen zum Objekt machen, nicht als Individuum sehen.

Ich habe selbst oft Diskriminierungserfahrungen gemacht, doch weder Wut noch Opferhaltung haben mir geholfen, mich dagegen zu wehren. Geholfen hat mir die Erkenntnis, dass das Gesetz und die Mehrheit der Menschen in diesem Land auf meiner Seite sind, und dass ich mich durch das Verhalten einer kleinen Minderheit nicht definieren lassen darf. Voraussetzung dafür war, dass ich den Fokus vom Täter weg auf mich gerichtet habe. Ich begann, mich zu fragen, warum ich mich so ohnmächtig und verzweifelt fühlte, wenn man mich infrage stellte oder angriff. Warum traf mich das Urteil eines Menschen, der mich überhaupt nicht kennt, so hart? Warum sah ich mich gleichsam als Vertreter aller Ägypter, aller Araber, aller Muslime oder aller Ausländer, wenn ich beleidigt wurde? Ich bin nicht alle, ich bin nur ich, ich kenne nur mich, und das noch nicht einmal gut genug.

Heute verstehe ich mich in erster Linie als Mensch, als Bürger dieses Landes, nicht als Muslim, Atheist, schwarzhaarig oder heterosexuell! Ein Rassist ist auch ein Mensch, der gefangen ist in der Illusion der Überlegenheit seiner Ethnie oder seiner Gruppe. Ich gebe ihm keine Macht über mich, indem ich mich über seine armseligen Äußerungen beklage. Ein Rassist hört nicht auf, wenn sein Opfer weint oder ihn darum bittet aufzuhören. Im Gegenteil – beweist ihm das Weinen seines Opfers doch, dass er mächtig ist und seine Aggression wirkt. Ein Opfer von Rassismus kann einen Rassisten kaum stoppen. Aber es kann versuchen, die Wirkmächtigkeit der Beleidigung oder Ausgrenzung abzu-federn, indem es sich sagt: Ich definiere, wer ich bin, nicht die anderen!

Das geht nicht per Knopfdruck, und das fällt leichter, wenn man von zu Hause ein Urvertrauen mitbekommen hat; aber man kann auch als Erwachsener an seinem Selbst-wertgefühl arbeiten und versuchen, Fremdzuschreibungen als solche zu erkennen und ihre dunklen Farben Stück für Stück durch eigene, hellere zu ersetzen. Wenn das gelingt, identifiziert man sich nicht länger mit den Ressentiments der Täter und verhindert, dass das eigene Verhalten immer nur eine Reaktion auf die erlittene Kränkung ist.

Mich hat in diesem Zusammenhang eine kurze Ge-schichte mit dem Titel »Little things are big« sehr inspiriert, die der Schriftsteller Jesús Colón (1901-1974) verfasst hat. Colón stammte aus Puerto Rico, hatte afrikanische Wurzeln und war mit 16 nach New York gekommen. Er beschreibt in dieser Geschichte ein Erlebnis, das sein Leben verändert hat: Es war weit nach Mitternacht, als Colón Mitte der 1950er-Jahre in der U-Bahn saß und sah, wie eine junge weiße Frau mit zwei Kindern im Schlepptau, einem Baby auf dem Arm und einem großen Reisekoffer in der Hand versuchte, in die U-Bahn zu steigen. Sie schaffte es gerade so, bevor sich die Türen schlossen. Einige Stationen später wollte Colón aussteigen; er bemerkte, dass auch die junge Frau ihr Gepäck wieder aufnahm, die Kinder fest an die Hand nahm. Offenbar musste auch sie an dieser Station raus.

In seiner Heimat hatte er gelernt, Menschen zu helfen, doch als dunkelhäutiger Mann in New York spät in der

Nacht zögerte er. Er traute sich nicht, die junge Frau zu fragen, ob sie Hilfe brauchte. Colón stellte sich vor, wie sie vor Angst schreien würde, in der Annahme, er wolle ihr etwas Böses antun. Er schwieg und beobachtete untätig, wie die Frau mit großer Mühe ihre Kinder und den Koffer aus der U-Bahn bugsierte.

Von sich selbst enttäuscht stapfte Colón missmutig die Treppe hinauf und lief nach Hause. In dieser Nacht erkannte er, dass er den Zuschreibungen der Rassisten mehr Raum gegeben hatte, als seinem menschlichen Impuls zu helfen. Er war in eine Identität geschlüpft, die sie für ihn zugeschnitten hatten. Er glaubte deren Erzählungen über den schwarzen Mann, der Frauen belästigen würde, und er glaubte ganz selbstverständlich, dass die junge Mutter ihn auch nur nach diesem Muster beurteilen würde, die helfende Hand nicht erkennen könnte.

Die Identifikation mit der Fremdzuschreibung hat dazu geführt, dass Colón nicht mehr nach seinen eignen Werten handelte. Er hatte die junge Frau, ihre Kinder, aber auch sich selbst im Stich gelassen. An diesem Tag schwor er sich, dass er von nun an immer seine Hilfe anbieten würde, unabhängig davon, wie die Reaktion der anderen ausfallen würde.

Nicht nur Geschichten wie diese zeigen, dass wir eine empathische Gesellschaft brauchen, die tolerant, aber nicht naiv ist. Eine Gesellschaft, die offen ist für andere Lebensentwürfe, aber klare verbindende Werte definiert und diese auch effektiv vermittelt und verteidigt. Das ist keine Utopie, sondern eine Notwendigkeit in Anbetracht der Herausforderungen im 21. Jahrhundert. Eine empathische Gesellschaft kämpft nicht gegen die Natur des Menschen, sondern hebt das Beste in ihm hervor. So, wie die Angst zunächst wichtig war für das Überleben des Menschen, war auch die Empathie immer eine Triebfeder für die menschliche Zivilisation. Ohne Kooperation und Solidarität mit anderen wäre die Zivilisation in all ihren Facetten, wie wir sie heute kennen, nicht denkbar. Ohne Empathie gäbe es keine Religion, keine Philosophie, keine Literatur, keine Kunst und keine Medizin. Doch diese Empathie wurde in der Vergangenheit leider oft nur innerhalb von geschlossenen Gruppen und Kulturen ausgelebt. Unversöhnliche ethnische, religiöse und nationale Identitäten haben Andersdenkende, Andersgläubige und Andersaussehende von dieser Empathie ausgeschlossen, und das tun sie immer noch.

Aber die Welt verändert sich immer rasanter und die Grenzen zwischen den Kulturen verschwimmen. Die moderne Kommunikation und die sozialen Netzwerke haben hier sowohl eine positive wie auch eine negative Entwicklung hervorgebracht. Einerseits wissen viele Menschen nun mehr über andere Kulturen, die nur einen Mausklick entfernt sind, sie sehen auf Netflix und YouTube die gleichen Serien, hören die gleiche Musik, und können so anderen Denk- und Lebensweisen empathischer begegnen. Auf der anderen Seite isolieren gerade diese Netzwerke viele Menschen von der Vielfalt der Welt, halten sie in einer Blase Gleichgesinnter fest. In der virtuellen Welt wird die Liste der vermeintlichen Feinde und Konkurrenten auf das Unendliche erweitert. Globalisierung und Digitalisierung führen dazu, dass die Welt, mit der man vertraut ist, dabei ist, sich aufzulösen. Viele Menschen befürchten, dass diese neue Welt keinen Platz mehr für sie freihält. Ihre realen Ängste entladen sich vielfach ungebremst zunächst in den sozialen

Netzwerken, drohen aber auch, jenseits der virtuellen Welt Gesellschaften zu spalten.

Insofern erleben wir gerade einen neuen erbitterten Kampf der Kulturen. Damit meine ich weder den Kampf zwischen dem Islam und dem Abendland noch den Kampf zwischen den USA und China. Es handelt sich um einen internen Kampf, der sich innergesellschaftlich abspielt. Während Teile der Gesellschaft sich öffnen für die Idee einer Weltkultur, einer Weltliteratur und eines Weltbürgertums, beharren andere Teile auf veralteten, exklusiven Identitätskonzepten, die das Eigene glorifizieren und das Andere herabsetzen. Der Ausgang dieses inneren Kampfes der Kulturen wird entscheiden, in welche Richtung sich die menschliche Zivilisation bewegen wird.

Ich persönlich glaube an die Evolution des menschlichen Bewusstseins und daran, dass wir uns tatsächlich in Richtung einer empathischen Gesellschaft bewegen. Das hat nicht nur etwas mit Offenheit und Sensibilität zu tun, sondern auch ganz pragmatische Gründe. Egoistische, exklusive Identitäten, wie sie von vielen Populisten hochgehalten werden, haben keine Antworten auf die Herausforderungen unserer Zeit: Klimawandel, Armut, religiöser Fundamentalismus, Nationalismus und Migration sind Probleme, die die Menschheit nur gemeinsam bewältigen kann. Die Entwicklung eines Impfstoffes gegen das neuartige Coronavirus beispielsweise wäre ohne internationale Solidarität und den Austausch von Wissen, Ressourcen und Erfahrungen nicht denkbar.

Wie eine empathische Gesellschaft mit Rassismus umgehen könnte, sehen wir zumindest schon in ersten Ansätzen. Rassismus als Thema ist in der Mitte der Gesellschaft angekommen. Es gibt immer Menschen, die für die Werte einer offenen Gesellschaft eintreten, deren Feinde in die Schranken verweisen. Nicht nur Opfer von Rassismus oder People of Color engagieren sich bei Bewegungen wie »Black Lives Matter«, sondern auch unzählige nicht-farbige Menschen. Es ist längst ins Bewusstsein vieler gedrungen, dass Rassismus ein Angriff auf uns alle ist, nicht nur auf eine bestimmte Minderheit. Diese gelebte Solidarität zeigt den Opfern: »Ihr seid nicht alleine«, und den Rassisten: »Wir lassen nicht länger zu, dass ihr euch ohne Konsequenzen so verhaltet.«

Eine entscheidende Frage aber wird sein, ob eine empathische Gesellschaft auch den Tätern mit Empathie begegnen kann. Ich finde, sie kann, und sie muss sogar. Denn Empathie ist unteilbar. Auch der Täter ist Opfer, er ist gefangen in den Mauern seiner geschlossenen Identität, er versteckt eigene Unzulänglichkeiten und Ängste, oft sozialer Natur, hinter Ressentiments anderen gegenüber. Ächtung des Rassismus als Akt des Hasses ist wichtig, aber die Ächtung der Menschen, die in der Rassismusfalle gefangen sind, ist kein Ausweg. Ihre Motive zu verstehen und ihre Gedanken zu dekonstruieren kann viel effektiver sein. Ihnen unsererseits mit Hass zu begegnen, wird sie nur darin bestärken, dass sie die Spielregeln in der Gesellschaft bestimmen.

Eine empathische Gesellschaft befürwortet auch eine Sprache des Respekts, doch sie schreibt keine bestimmten Begrifflichkeiten vor. Sie schützt Minderheiten vor Diskriminierung, darf aber heikle Themen nicht umgehen, aus Sorge, Minderheiten vor den Kopf zu stoßen. Sie darf den Diskursraum nicht im Namen der Toleranz verengen, denn Vielfalt meint auch Meinungsvielfalt. Empathie bedeutet

Sehen und Verstehen, sie bereitet das Feld dafür, dass Kritik ausgesprochen und angenommen werden kann.

Polarisierung führt zum Gegenteil. Wer eine andere Meinung vertritt, zieht sich den Zorn der Selbstgerechten zu, die ihrerseits darauf pochen, einen objektiven Blick auf die Welt und ihre Probleme zu haben. Eine empathische Gesellschaft dagegen glaubt an die Diskursfähigkeit ihrer Bürger, sie steckt den Kopf nicht in den Sand, wagt die Konfrontation und hält Streit aus. Sie sucht gemeinsam nach Lösungen, ohne dabei selbstgerecht einen Weg als den einzig richtigen von oben vorzugeben.

Meine Begegnung mit Jonas in der Straßenbahn vor 24 Jahren hat mir etwas Wichtiges über Mut beigebracht. Seine Verbalattacke gegen mich war zunächst eine doppelte Niederlage für mich. Denn er hatte meine Daseinsberechtigung als Ausländer in Deutschland infrage gestellt, und keiner der anderen Fahrgäste hat ihm widersprochen. Ich hätte an der nächsten Station aussteigen und klagend über die bösen Deutschen in der Opferhaltung verharren können. Ich hätte ihn meinerseits körperlich oder verbal angreifen, ihn als »Scheißdeutschen« beschimpfen können. Damit hätte ich aber nur die Muster bedient, in denen Jonas selbst steckte.

Ich habe mich stattdessen mit meinen eigenen Ängsten konfrontiert, und dann versucht, mich in seine Lage zu versetzen und seine Ängste zu verstehen. So beginnt für mich der Weg in eine empathische Gesellschaft: mit dem Mut, bei sich selbst zu beginnen und sich zu hinterfragen; nur wenn man erkennt, welche Koffer man selbst mit sich herumschleppt, wird man den Blick weiten können auf die der anderen.

Eine empathische Gesellschaft ist keineswegs eine konfliktfreie Zone, wo wir alle uns ständig gegenseitig umarmen müssten. Es muss einen Raum für Debatten geben, aber auch den Freiraum, einander ignorieren oder aus dem Weg gehen zu können. Solange das von Wohlwollen und nicht von Antipathie begleitet würde, wäre schon viel gewonnen!